Die Donau

Verlag alpha 9
Eschborn am Taunus

Vertrieb: Umschau Verlag
Frankfurt am Main

Mit Essays von: Gertrud Fussenegger
Pia Maria Plechl
Wolfgang Simonitsch

J. Albrecht Cropp

Die Donau

Von der Quelle bis zur Mündung

Inhalt

Gertrud Fussenegger
Von der Natur der Donau 6

J. Albrecht Cropp
Von der Quelle bis zur Mündung
Ein Tagebuch 24

Pia Maria Plechl
Geschichte am Strom 166

Wolfgang Simonitsch
Die Wasserstraße 176

Verzeichnis der Bilder

Deutschland

Bregquelle im Schwarzwald 13
Donauquelle in Donaueschingen 16
Donau bei Furtwangen 18
In Donaueschingen 19
Zwischen Tuttlingen und Sigmaringen mit Zug und Bus 22 + 23
Das Ried bei Pforingen 25
Bei Beuron-Thiergarten 28
Fluß-Schleife vor Beuron 30
Ritt auf Handelswegen 31
Die Neumühle bei Thiergarten 33
Schwäbischer Barock 35
Hohenzollernschloß Sigmaringen 36
Scheer mit St. Nikolaus 37
Industrie in Rottenacker 40
Ulm vom Münster aus 42
Uferpromenade in Ulm 43
Donauwörth Stadtüberblick 45
Türme zwischen Günzburg und Donauwörth 47
Die Reichsstraße in Donauwörth 48
Brückenbau bei Ingolstadt 50
Industrie bei Ingolstadt 51
Monumente in Kelheim 53
Kloster Weltenburg 54
Stausacker am Donaudurchbruch 55
Ausflugsdampfer vor Kelheim 57
Regensburg mit der Steinernen Brücke 60
Flußpanorama mit Straubing 62
Marktplatz in Straubing 63
Die „Bayern“ vor Deggendorf 65

Erzfracht nach Linz 67
Eine „Ulmer Schachtel“ in Passau 68
Dreiflüsse-Eck in Passau 69

Österreich

Stimmungen zwischen Passau und Linz 70 + 71
Zollstation in Passau 72
Staustufen und Kraftwerke 74 + 75
Schiffsanlegestelle in Linz 77
Begegnungen zwischen Regensburg und Linz 79
Im Werkshafen der VOEST-ALPINE 80
Industrielandschaft bei Linz 82
Im Strudengau 83
Begegnung in der Wachau 84 + 85
Burgruine Werfenstein 86
Stift Melk 87
Burg Schönbühel vor der Wachau 89
Herbst in der Wachau 91
Kirchturmblick auf Spitz 92
Weinlese in der Wachau 94
Dürnstein mit Burg und Weinbergen 95
Auwald bei Wien 97
Wiener Melange 99
Auf dem Leopoldsberg über Wien 100
Wiener Stadtsilhouette 101
Wiener Impressionenn 102

Slowakei

Preßburg vom Braunsberg aus 104

Ungarn

Schlepper vor Esztergom/Gran 106
Der Dom von Esztergom 107
Szent Endre vor Budapest 109
Budapester Impressionen 111
Budapest vom Gellért-Berg aus 112
Budapester Stadtpanorama 114 + 115

Jugoslawien

Straßenszene in Belgrad 118
Burg Peterwardein 119
Semlin vor Belgrad 121
Freizeit bei Belgrad 124
Burg Kalemegdan in Belgrad 126
Abend in Belgrad 127
Die Kazan-Enge 129
Wochenmarkt in Kladovo 131

Rumänien

Überschwemmung bei Moldova Veche 132
Die „Ukraina“ vor Orsova 133
Herkules Bad bei Orsova 135
Das Eiserne Tor 136
Kraftwerk und Schleuse von Djerdap 138 + 139
Römische Ruinen in Turnu Severin 141
Reiseimpressionen 143
Hauptplatz von Giurgiu 144
Donauhafen von Ruse, Bulgarien 146
Industrie am Ufer vor Giurgiu 147
Neubauten in Galati/Galatz 148
Sonnenaufgang über der unteren Donau 150 + 151
Bulgarischer Fischer 153
Fahrt mit der „Raketa“ 155
Landleben neben dem Strom 156 + 157
Eisenbahnbrücke von Cernavoda 158
Promenade in Galati/Galatz 159
Überseehafen in Galati 161
Delta-Impressionen 163
Warenumschlag und Dorf im Delta 164 + 165
Morgen auf dem Deltasee 168
Der Sulina-Arm 170
Leuchtturm in Sulina 171

Gertrud Fussenegger

Von der Natur der Donau

I.

Nach erdgeschichtlichem Maß gemessen, sind tausend Jahre nicht wie ein Tag, sondern allenfalls wie ein Atemzug; so gesehen ist unsere alte Donau ein noch junger Fluß und erst seit kurzem so, wie wir sie kennen.
Im Alttertiär, also vor etwa fünfzig Millionen Jahren, begannen sich die Abdachungen unseres Erdteils zu stabilisieren und damit begannen sich auch die Stromsysteme Europas in ihrer heutigen Gestalt allmählich abzuzeichnen. Die Donau, so heißt es, entsprang damals nicht im Schwarzwald wie jetzt, sie hatte ihre Quellen in den Alpen, im Berner Oberland, wo sich heute die gigantischen Fels- und Eisburgen der Jungfrau, des Eiger und Mönch erheben. Diese Urdonau muß schnell zu einem starken Strom angewachsen sein, denn in ihr Bett ergossen sich der Urrhein, der Urneckar, sogar der Urmain.
Dann aber, viel später, ereignete sich etwas Merkwürdiges. Nördlich der Alpen brach ein Stück Land ein, der Rheingraben wurde durch vulkanische Erschütterungen abgesenkt. Das Wasser, das sich in diese Senke ergoß, gewann naturgemäß ein starkes Gefälle. Aber die erodierende Tätigkeit so starker Gefälle übt auch auf andere Wasseradern etwas wie Anziehung aus. So kam es, daß Urneckar und Urmain ihre Gerinne von der Donau abzogen, daß sie ihre Läufe nicht mehr süd- und südostwärts, sondern nord- und nordwestwärts zur Rheinfurche hinbogen. Damit verlor die Donau nicht nur ihre Tributäre, sie wurde auch aus ihrem ursprünglichen Quellgebiet abgedrängt und mußte — sozusagen — nach einem neuen Ursprung suchen. Sie fand ihn in der Baar, einer flachwelligen Landschaft im östlichen Schwarzwald, früher stark versumpft, auch jetzt noch torfig, von sauren Wiesen durchsetzt. Bei Donaueschingen vereinen sich zwei mäßige Bäche; ein Verslein sagt ihnen nach: Brig und Brege bringen die Donau zuwege. Wir wollen es gelten lassen.
War schon der Oberlauf der Donau in erdgeschichtlicher Zeit vom heutigen unterschieden, so war es ihr Unterlauf erst recht. Noch war die Donau nicht der lange Strom, den wir kennen, und kaum länger als heute die Mosel. Denn über ganz Südosteuropa breitete sich ein gewaltiges Meer aus, das Sarmatische, ein Teil des Urmeeres Thetis. Es reichte weit nach Osten, in kaspische und aralische Gebiete, dafür war es durch die ägäische Barriere vom heutigen Mittelmeer getrennt. Gegen Mitte des Tertiärs, im Eozän mündete die Donau südlich des böhmischen Massivs, also etwa bei Wien, in eine Bucht dieser Thetis. Ihre Gestade mögen den Stränden einer Südseeinsel geglichen haben. Wälder von Magnolien, Zimtbäumen und Sumpfzypressen bildeten ein dschungelhaftes Dickicht. Das Klima war warm, ein wenig wärmer noch als das heutige mediterrane Ägypten, Jahresmittel bei zweiundzwanzig Grad. Schon war das große Zeitalter der Säugetiere angebrochen. Zwischen den üppigen Zyklamenpolstern des Deltas weideten walähnliche Seekühe, während sich draußen in den blauen Salzfluten gewaltige Haifische tummelten, doppelt so groß wie die größten uns jetzt bekannten. Die große Säbelzahnkatze machte Jagd auf Warzenschweine und Flußpferde, zahllose Vögel lärmten in den Wipfeln, weiter landeinwärts, wo der Wald in Savanne überging, probten dreihufige Pferde herdenweise donnernde Galoppaden.
Wie lange mag dieses Paradies gedauert haben? Vielleicht Millionen Jahre? Schrittweise wanderte die Mündung der Donau in ihrem Delta ostwärts. Dann und wann erschütterte ein starkes Beben die Landschaft. In der Ferne verschoben sich Küsten, Landstriche brachen ein, Landstriche hoben sich. Das Meer Thetis veränderte seine Ufer. Es zog sich zurück. Die Bucht unterhalb Wiens begann langsam zu versüßen, die ehemals so blauen klaren Fluten wurden braun und brackig. Auch das Klima änderte sich, es wurde kühler, die Sommer

regnerischer, die Winter rauher. Vom Norden blies ein frischer, dann blies ein eisiger Wind.
Die Erdzeit des Tertiärs ging zu Ende. Die Neuzeit der Erde begann; sie begann in unseren Breiten mit einem harten Schock. Skandinavien vereiste und schob seine zähgleitenden Gletscherbänke über die Ostsee bis ins Herz unseres Kontinents. Auch die Alpen panzerten sich mit Firn und Eisfeldern und schoben Eis und Firn gegen die Donau vor. Die Gletscher banden so gewaltige Wassermassen, daß die Meeresspiegel absanken. Zurück blieben öde Strände. Die Vegetation verkümmerte zu tundrischem Auwald, dann zu Gräsern, Moosen, Flechten. Längst waren die wärmbedürftigen Tiere abgewandert oder ausgestorben. Nur das zottige Mammut, der buschige Eisfuchs, die genügsame Gemse und das wollhaarige Nashorn hielten aus. Kurze Zwischeneiszeiten ließen wieder intensiveres Leben aufkommen, bis die Temperaturen von neuem sanken. Tödliche Stille herrschte. Nur Wind, Wasser und Eis waren geschäftig wie eh und je und modellierten die Erde.
Je höher sich die Eismassen türmten, mit desto größerer Gewalt hobelten sie ihren Weg in die Flanken der Alpen, desto ungeheurer waren die Massen der Moränen, die sie unter sich, auf sich, neben sich auf die Donau zuschoben. Aus jeder Talmulde wanderten ganze Schotterströme heran und wurden als Geschiebe weitertransportiert. So schob sich die Mündung der Donau immer weiter ostwärts der Rinne entlang, die schon das Urmeer Thetis mit seinen Strömungen ausgetieft hatte. Auch andere Alpenflüsse taten desgleichen, die Urdrau, die Ursave. In ihnen streckte der Kontinent seine Finger den beiden Becken entgegen, die wir heute als die Kleine und die Große Ungarische Tiefebene kennen. So war Verlandung im Gang. Kalte Steppenstürme wirbelten den feinen Staub hoch, den die Mühlen der Gletscher und die malmende Bewegung der Schottermassen ausgerieben hatten. In Wolken kam der Staub geflogen und setzte sich in Mulden ab. Lößbänke lagerten an. Steinstürze und Muren verlegten alte Gerinne, schwere Hochwasser rissen neue auf.
Doch das war noch nicht alles, was das neue Erdalter, das Quartär, an Bewegung und vielfach dramatischer Veränderung zu bieten hatte. Auch im Inneren der Erde waren ungeheure Kräfte tätig. Sie preßten neue Gebirge aus, preßten die schon vorhandenen hoch. Die Ostalpen wurden zum Hochgebirge, auch die Karpathen wuchsen, das Balkangebirge türmte sich, und zwischen den beiden Tiefungen des ungarischen Beckens hob sich ein junger Riegel über noch ältere vorsarmatische Schollen, das Ungarische Mittelgebirge, aus Laven und Tuffen, reich an Höhlen, Gängen und Schloten, von Vulkankegeln und grotesken Pilzfelsen durchsetzt.
So warf sich das Erdprofil rings um das Einzugsgebiet der Donau zu immer höheren und vielfältigeren Formationen auf. Das blieb nicht ohne Wirkung auf den Strom. Seine Zuflüsse kamen mit erhöhtem Gefälle und verstärkter Schubkraft heran. Auch als die Eiszeiten abklangen, blieben weite Strecken vegetationsloser Böden bestehen. Sie waren der Erosion schutzlos ausgeliefert. Die Auszackung der Hochgebirgsgrate, die Aushöhlung der Täler, der Schluchten und Kare belieferte das Flußsystem mit Geschiebe, die Ufer mit immer neuen Geröllhorizonten und das immer weiter nach Osten wandernde Delta der Donau mit immer neuen Sinkstoffen, bis schlußendlich der Südostraum unseres Erdteils aufgebaut und um nicht weniger als gute tausend Kilometer ostwärts vorgeschoben war. Im Schwarzen Meer ist der letzte, wohl eher kärgliche Rest des Urmeer Thetis geblieben. Auch er wartet weiterer Verlandung.

II.

Soweit die Urzeit unseres Stromes. Aber ehe wir uns — in gebotener Eile natürlich — auf Fahrt die neue gegenwärtige Donau abwärts begeben, wollen wir uns rasch mit drei Grundregeln der Verhaltensweise eines Flusses bekannt machen, um dann, wenn wir die Flußlandschaften in ihren abwechselnden Formen erleben, diese auch ablesen und verstehen zu können.
Erstens: Jeder Reisende, der auf dem Schiff einen Strom hinab oder per Auto oder Bahn einen Strom entlang fährt, freut sich am Wandel der Szenerien. Bald ist das Tal eng, Felswände rücken heran, Klippen ragen auf, die Landschaft vermittelt den Eindruck romantischer Urtümlichkeit. Kurz darauf sinken die Gratlinien ab, die Hänge weichen zurück, die Landschaft wird weit und lieblich und gleichsam verjüngt. Der Schein trügt. Das enge Tal, die düstere Schlucht stellen erdgeschichtlich junge Formation dar; dagegen ist das freundlich geweitete Hügelgelände zumeist archaisches Land. Dort nämlich, zwischen steilen Hängen und felsigen Rissen, hat die Erosion ihr Werk noch nicht vollbracht; noch widerstehen die Felsen; noch sind Klippen und Türme nicht zu Fall gebracht. Hier in der sanften Landschaft ist das alles längst geschehen; alle schroffen Formen sind abgeschliffen, alle Schrägen abgesenkt. Natürlich ist auch hier noch Abtragung im Gang, doch sie ist langsam geworden, fast unmerklich.
Zweitens: Durchbrüche nennen wir die Stellen, an denen der Fluß, der Strom ein Gebirge durchquert. Aber die Vokabel ist falsch. Sie erweckt in uns die Vorstellung, als habe der Wasserlauf in der Tat eine Felsbarriere zernagt und durchbrochen, so wie etwa ein Staudamm aufgerissen und durchbrochen werden kann. Aber was ist ein Staudamm gegen die Masse gewachsenen Felsens, den ein Gebirge bildet? Nicht einmal eine Eierschale. Jeder Strom, auch der stärkste, weicht aus, wenn er gegen massiven Felsen prallt. Und doch sehen wir gerade an der Donau so manchen „Durchbruch", schmale Engpässe, durch die die Fluten schäumen und wirbeln, als hätten sie sich hier wirklich Bahn gebrochen. Wie erklärt sich das?
Ströme sind um Vieles älter als Gebirge. Stromsysteme waren vorhanden, ehe die jungen Faltungen erfolgten. Millimeterweise schoben sich diese aus der Erde hervor. Von diesen winzigen Schüben konnte der Strom nicht umgelenkt werden. Er schliff sie zurecht, er schliff sie aus. An beiden Seiten wuchsen die Berge empor. Er schliff nur tiefer und beschleunigte sein Gefälle. Dann und wann hielten sich harte Kliffe, Spitzen und Sägen aus durablem Material. Dann kam es zu Wirbeln und tödlichen Gefahren für die Schiffahrt. Wir werden darüber noch zu berichten haben.
Eine dritte Besonderheit im Verhalten eines Flusses hat mit dem Geschiebe zu tun, das er transportiert. Dem aufmerksamen Strombefahrer wird es auffallen, daß die Ufer ein und derselben Stromstrecke oft sehr verschieden aussehen. Auf der einen Seite ziehen die Fluten bis knapp unter das Ufergebüsch, auf der anderen steigen Sand- und Schotterbänke auf, bilden lange Zungen, schließlich Inseln und bleibende Aufschüttungen. Kurz darauf wechselt das Bild. Nun wird das andere Ufer von der Strömung bestrichen, und das gegenüberliegende verschottert. Woher kommt dieser Wechsel, der das „schwere Wasser" bald dahin, bald dorthin schickt — und dem auch die Fahrrinne folgen muß, wenn sie nicht durch Baggerung künstlich begradigt ist? Natürlich hat der Wechsel mit den Krümmungen des Flusses zu tun. In der Außenkurve strömt stärkere Schüttung mit rascherem Gefälle und wälzt das Geschiebe auf dem Fuß des Bettes mit größerer Energie dahin. Es schürft die Rinne noch einmal tiefer, schabt an der Uferlinie und erodiert sie noch weiter aus. Das Gegenteil tritt jenseits ein: dort wird die Schüttung geringer, das Gefälle kleiner, die Schubkraft des Wassers ver-

sandet. So lädt es Geschiebe ab, läßt Geschiebe zurück. Es entstehen Schotterbänke, Schotterinseln, schließlich begrüntes Land.

III.

Und nun stromaufwärts zur jungen Donau knapp unter die Stelle, wo Brigach und Breg den Fluß zuwegebringen oder zu der Marke, die besagt, daß man von der Mündung bis hierher 2840 km zählt (die Donau ist der einzige europäische Fluß, der stromaufwärts gemessen wird). Die Ursprungslandschaft ist — wie schon erwähnt — flachwellig, ja, fast eben, erst allmählich vertieft sie sich zum Tal; das krümmungsreiche unentschiedene Umherschlendern des jungen Flusses hört auf, er tritt aus dem Schwarzwald in den Schwäbischen Jura ein. Schon hat er seinen ersten „Durchbruch" erreicht, Felsen ragen auf, senkrechte weiße und gelbliche Türme und Riffe, schon rauscht die Donau kräftig zwischen den buschigen Ufern, da wird sie gleichsam von einer Art Schwindsucht befallen. Ihr Spiegel sinkt, sie wird dürftig, versickert, verschwindet bis auf einen armseligen sumpfenden Rest, der sich in wasserarmen Sommern kaum noch durch das verschmutzte Bett fortzuschleppen vermag.

Was ist geschehen? Das klüftige Juragestein hat die junge Donau angezapft und ihre Wasser in die Tiefe gezogen. Lange blieb es ein Rätsel, wohin sie verschwunden waren, bis schließlich der Verdacht auftauchte, daß sie südwärts in das Einzugsgebiet des Rheins abgeirrt seien, denn dort tritt eine starke Quelle, die Aach, mit erstaunlicher Ergiebigkeit aus dem Boden. Sollte da nicht Donauwasser im Spiel sein? Man rückte dem Rätsel zu Leibe, indem man dem versickernden Fluß Öle und Salze zusetzte, und richtig, sie kamen nach kurzer Zeit in der Aach wieder zum Vorschein. Nun entstand ein Streit, wem nun das rheinwärts quellende Wasser gehörte, den Donaugemeinden oder den Anrainern der Aach? Schließlich siegte das Gewohnheitsrecht, wie die Natur es geschaffen hatte.
Nach diesem Unfall erholt sich die Donau wieder. Was östlich von Fridingen in ihr Bett läuft, bleibt endgültig ihre Schüttung. Nach wie vor ist sie von den Felsen der Alb begleitet. Nicht immer nahm sie den gleichen Lauf. Im Felskopf von Sigmaringen vermutet man einen Umlaufberg, im Blautopf bei Blaubeuren ein Überbleibsel ehemaligen Umwegs. Noch ist das Einzugsgebiet der Donau bescheiden. Doch bei Ulm nimmt sie die Iller auf. Damit wird sie zum Alpenfluß. Sie verändert ihren Charakter.

In den Niederungen Donauried und Donaumoos haben wir Relikte aus der Eiszeit, ehemalige Schmelzwasserbecken, heute teilweise unter Schutz gestellt, um aussterbenden Tier- und Pflanzenarten, vor allem aber einer bedrohten Wasservogelwelt noch ein letztes Refugium zu gewähren.
Noch merkwürdiger ist die Landschaft des Ries, die hier vom Donautal angeschnitten wird. Es ist ein flacher Kessel von ungefähr zwanzig Kilometern Durchmesser, ein flacher Krater. Seine Ränder sind von den verschiedensten Juraformationen gebildet, doch zeigen sie so starke Aufreißungen, Zersprengungen und Verstreuungen, daß man schließlich zur Annahme gelangte, hier müsse einst ein Riesenmeteor niedergegangen sein und eine Macke in die Erdkruste geschlagen haben. Die Reibungshitze bewirkte, daß Gestein zu glasharter Masse verschmolz. An der Streuung dieser Funde kann die Bahn des katastrophalen Aufpralls nachgezeichnet werden.
Zwischen den Ausläufern des Schwäbischen und der Fränkischen Alb schleicht vom Norden die stille Wörnitz bei Donauwörth der Donau zu, gleich darauf stürmt ein neuer Riese aus den Alpen heran, der Lech. Eben dehnt sich das Land um Ingolstadt, aber dann wird es wieder romantisch; noch immer strömt die Donau nordostwärts. Bald wird sie bei

Regensburg ihren nördlichsten Punkt erreicht haben. Ihr schluchtschmales Tal bestreicht den Südfuß der Fränkischen Alb: wieder Klippen, Wände, Horste. Zwischen Weltenburg und Kehlheim gleitet das stille Wasser durch Märchenlandschaft.
Bei Regensburg erfolgt der große Knick. Hier streicht das alte Schollenland der Böhmische Masse dem Donaulauf entgegen und zwingt ihn südostwärts. Aus Böhmischen Randgebirgen laufen ihr erste Tributäre zu: Naab und Regen. Hier kreuzten sich von jeher geschichtliche Wetterfronten, Wanderwege, Völkerstraßen. Von hier aus versuchte auch der Mensch zum erstenmal in unseren Breiten nicht nur lokale, sondern beinahe schon kontinentale Veränderungen an einem Flußsystem vorzunehmen. Karl der Große faßte den für seine Zeit nahezu tollkühnen Plan, Donau und Rhein über Altmühl und Main durch die fossa Carolina zu verbinden. Ein grandioses Vorhaben. Natürlich blieb es in den Anfängen stecken. Damals verfügte der Mensch noch nicht über die Mittel, so ungeheure Erdmassen zu bewegen, abzutragen, wegzukarren. Noch trat der Mensch nicht in dem Maße schichtenbildend auf wie heute. Heute steht der Donau-Rhein-Kanal vor der Vollendung. Allenthalben werden Wasserläufe begradigt, die Flanken der Berge durch ungeheure Steinbrüche angeknabbert. Über die erdgeschichtlichen Formationen legen sich künstliche Gebilde. Kanalisierung und Stauung der Flüsse verändern den hydrographischen Haushalt, sie akzelerieren dort, verzögern da, noch sind die Folgen schwer überschaubar.
Östlich des fruchtbaren Straubinger Gäubodens und der Mündung der Isar gelangen wir an einen der ältesten deutschen Stauseen, an seinem unteren Ende erhebt sich das erste deutsche Donauwerk Kachlet. Als es fertiggestellt wurde, hätte niemand vermutet, daß es nur einen Anfang setzte für eine fast den ganzen Strom umfassende Verbauungskette. Gewiß, die Schiffahrt weiß dem Stauwerk von Kachlet Dank, denn hier war einst ein gefürchteter Engpaß, Wirbel, Klippen und Stromschnellen. Wenn Not am Mann war, mußte jedermann an Bord zugreifen. Sogar ein deutscher Kaiser und ein römischer König gerieten hier in die Lage, mit den Schiffsknechten zusammen Ruder und Taue bedienen zu müssen; es waren Franz I. und sein eben zum Römischen König gekrönter Sohn, die hier auf der Reise von Frankfurt nach Wien beinahe gescheitert und im gischtenden Hexenkessel des Kachlet untergegangen wären.
Nicht lange danach erreichen wir Passau und dort die Mündung des Inns.
Auch die Geschichte von Passau ist die Geschichte der Bewährung des Menschen gegen Naturgewalten. Passau ist, wie ich anderswo geschrieben habe, nicht so sehr eine Stadt als eine Landschaft. Landschaft durch die starke Profilierung ihres Tales, Landschaft aber vor allem durch die überwältigende Gegenwart des Wassers. Still und mächtig kommt die Donau heran, stürmisch der Inn. Zwei große Flüsse umfassen den Kern, ein dritter, kleiner, die Ilz, stößt vom Norden hinzu, sechs Ufer sind gefährdet, wenn die Pegel der Flüsse steigen. Am Rathaus sind die Überschwemmungsmarken, ist die Geschichte immer wiederkehrender Katastrophen abzulesen. Bis in die ersten Stockwerke reichten die Fluten; noch in unserer Zeit wäre es einmal fast dahingekommen, daß sich die Wasser des Inns mit denen der Donau in der Stadt vereinigt hätten.
Die Mündung der beiden Ströme: ein Ort von dramatischer Schönheit. Scheint der Inn nicht breiter, mächtiger, stärker als die Donau zu sein? Seine graugrünen Fluten drängen die dunkleren der Donau zur Seite. Es dauert lange, bis sie sich mischen, bis auch die schwärzlichen der Ilz in den neuen großen Strom ununterscheidbar eingeschwemmt sind. Der Strom ist gigantisch gewachsen. Darum sind auch die Gefahren, die von ihm ausgehen, gigantisch geworden. Wenn die

Donau anschwillt und unter Felsstürzen und an den Fußklippen des Oberhausberges angestaut wird und wenn zugleich der Inn Hochwasser führt, dann hindern die andrängenden Wassermassen einander gegenseitig am Abströmen und erfüllen das Tal mit einem tobenden See. Dann steigt auch die Ilz, und die Stadt ist von allen Seiten dem Ansturm der Elemente ausgesetzt.

IV.

Wir fahren weiter, bald sind wir in Österreich und haben die Grenze des Donauraums überschritten. Wieder verengt sich das Tal. Links führt die Moldanubische Masse Granite in steilen Hängen heran, rechts baut kristalliner Schiefer den oberösterreichischen Sauwald auf. Er und die Mühlviertler Kuppen pressen den Strom in ein mäandrisches Bett, einmal — bei Schlögen — sogar in eine rückläufige Schlinge, deren Entstehung den Geologen manches Rätsel aufgibt. Eine Deutung ging davon aus, daß hier einst ein Festlandschild in einer Stufe abbrach, über die die frühtertiäre Donau in riesigen Wasserfällen ostwärts niederging und so, „von Klippe zu Klippe geworfen", ihre Richtung variierte, in einem Vorgang, den wir auch heute noch an jedem Wildbach beobachten können, dessen einzelne Güsse in den verschiedensten Richtungen von Stufe zu Stufe stürzen. So hätten wir in der romantischen Landschaft von Schlögen ein letztes Relikt einer niagarischen Szenerie.
Kurz vor Linz weitet sich das Tal zum Eferdinger Becken, zieht sich dann aber noch einmal zusammen, nimmt bei Linz die Traun auf, fünfzehn Kilometer weiter die starke Enns, den letzten Alpenfluß, der hier aus dem Hochgebirge kommt, denn inzwischen haben sich die Gipfellinien der Ostalpen abgesenkt, der Dachstein ist der letzte noch vergletscherte Gipfel; so werden auch die Zuflüsse zur Donau zahmer, die träumerische Ybbs, die idyllische Traisen haben nicht mehr viel zu melden, und die Wasserscheide im Norden liegt zu nah, als daß von daher stärkere Zuflüsse zu erwarten wären. Die Große Mühl, die Waldaist, die Isper sind bessere Bäche, allenfalls können noch Krems und Kamp als halbwegs bedeutende Flüsse gelten. Erst am Ausgang des Wiener Beckens wird sich in der March ein starker Zufluß einstellen, doch so weit sind wir noch lange nicht.
Schon in ihrem obersten Lauf führte uns die Donau durch reizvoll wechselnde Landschaften. Seit Passau wechselt sie noch schneller zwischen Engen und Weiten, zwischen Schluchten und Becken. Vor der niederösterreichischen Grenze greift kristalliner Schiefer über das Flußbett in die voralpine Flyschzone herüber, wir nähern uns dem Strudengau und fahren in die Enge von Grein ein. Auch hier treffen wir nur noch auf einen durch Stau geglätteten, gezähmten, sich selbst entfremdeten Strom, wo es doch einst für hundert Generationen Donaubefahrer wild und gefährlich zugegangen war, zu einem Paß des Schreckens und äußerster Anspannung. Das zwischen felsigen Pfeilern eingeengte Strombett war mit zahlreichen Klippen durchsetzt, sogenannten Gehäkeln, dem „Bombengehäkel", dem „Waldgehäkel"; dazwischen schossen die Fluten rauschend, brausend, wirbelnd durch „Saurießel", „Haßgang" und „Schwell". Auch der erfahrenste Schiffsführer mußte das Ruder einem Lotsen abgeben, der alle Launen und Tücken des „Strudens" kannte. Kostbare Waren wurden dem Strom gar nicht anvertraut, sondern auf Wagen oder Tragtiere umgeladen. Erst in der Maria-Theresianischen Zeit begann man allmählich mit regulierenden Maßnahmen. Doch wie mühsam waren sie! Bei Niederwasser machten sich Steinmetze über die Klippen her, um ihre reißendsten Zähne abzurunden. Später setzte man Sprengstoff ein, da war schon einiges auszurichten. Nur langsam verlor die Durchfahrt

an Schrecken, bis ihr Abenteuer schließlich in jüngster zeit durch Stauung und Beschleußung zum perfektionierten technischen Akt degenerierte.
Nun dauert es nicht mehr lange und wir fahren — nach der Mündung der Ybbs — in die berühmteste Donaulandschaft, in die Wachau, ein. Erdgeschichtlich haben wir hier eine ähnliche Situation wie bei Grein, wie zwischen Passau und Linz: Kristalline Formationen greifen vom Norden herüber und trennen die Stromfurche von den südlichen, indessen freilich längst üppig begrünten Geröll- und Moränenhorizonten der Voralpenzone. Finsterwald heißt der Schieferrücken, der auf seiner Vorderseite Stift Melk vor sich herträgt, ein unverwechselbares Signal für den Donau-Reisenden, daß er hier in eine Kulturlandschaft ersten Ranges eintritt.
Ihre kulturelle Intensität verdankt die Wachau vor allem ihrem Klima. Es ist mild, Obst- und Rebenklima, denn das Tal ist breit genug, um volle Sonneneinstrahlung zu gewähren, und doch auch wieder eng genug von schützenden Höhen umstellt, daß kalte Nord- und Ostwinde nicht angreifen können. Vielfache Krümmungen bilden tiefe Buchten unter sonnenfangenden Hängen, die — im allgemein milden Wachauer Klima — jene noch einmal milderen klimatischen Inseln bilden, die — als „Lagen" weltbekannt — hervorragende Weine zur Reife gelangen lassen. Steinzeitliche Funde bei Willendorf und in den Lößterrassen über Krems beweisen, daß auch schon die Ureinwohner die Gunst dieser Landschaft zu schätzen wußten.
Unter Mautern und Krems ändert sich die Welt. Das weite Tullnerfeld führt Auwald an den Strom heran, die Ausläufer des böhmischen Massivs ziehen sich von der Donau zurück, dafür schiebt sich der Alpenausläufer Wienerwald von rechts heran, der sagenumwobene Leopoldsberg richtet sich breit und majestätisch auf, wir sind in Wien.
Hier darf ich für einen Augenblick aus meinem engeren Thema aussteigen oder vielmehr: ich darf es mit einem geopolitischen Aspekt verbinden. Ich stelle hier die Frage: Ist es nichts weiter als geschichtlicher Zufall, nichts weiter letzten Endes als menschliche Willkür, daß sich eben in diesem Raum eine so große Stadt etabliert hat? Wir wissen ja: Städte wurden häufig aus rein strategischen Gründen angelegt, aus tagespolitischen Motiven gefördert, aus dynastischen Launen zu Residenzen erhoben. Das alles war auch bei Wien der Fall. Haben wir es also bei dieser städtischen Agglutination mit einem nur zufälligen Wachstum zu tun?
Vielleicht kann uns ein Blick auf die gesamteuropäische Karte Auskunft geben. Da haben wir wieder wie in Regensburg ein Achsenkreuz verkehrsfreundlicher Landschaften und damit eine Achsenkreuz der Völkerstraßen, der Wanderwege; nur ist das Wiener Achsenkreuz weit mächtiger. Es reicht von der Ostsee bis an das adriatische Meer und — die Donau entlang — aus dem Alpenraum bis tief in den Balkan. In Reichweite liegt das Böhmische Massiv so gut wie der Karpathenraum, das Voralpenland so gut wie Istrien. Hier mußte sich ein Zentrum bilden. Die großräumigen Entwürfe der Römer gingen an diesem Platz nicht vorüber. Die Völkerwanderungszeit hat ihn zwar wieder eingeebnet, doch sobald sich in diesem Raum neues politisches Denken regte, kam man — nach wenigen tastenden Versuchen mit anderen Plätzen — wieder auf diesen zurück. So wurde Wien zum Zentrum eines der größten Reiche der europäischen Geschichte, Drehscheibe und Schwungrad zugleich: Es verteilte, motivierte, beschleunigte — und sog an sich. Wien wurde für lange Zeit so etwas wie der Kommandoturm für den Donauraum. Es ist andererseits selbst nur als Produkt dieses Raumes zu betrachten und zu verstehen.

Die Bregquelle am Kolmenhof im Schwarzwald, eine der drei Donauquellen

Aber — was hatte denn Wien mit der Donau zu tun?
Fürs erste recht wenig. Das alte Wien lag nicht an der Donau, es lag am Donaukanal, das heißt an einem verwilderten Arm des Stromes, der sich hier in der weiten Beckenlandschaft vielfach verzweigte. Nur langsam ließ sich die Stadt mit ihm ein. Ihren Namen bezog sie von einem bescheidenen Flüßchen aus dem Wienerwald. Sie entwickelte keinen Ehrgeiz, ihre Domtürme und Befestigungen in der Donau zu spiegeln. Ihre Stiefkinder, Juden und anderes fremdes Volk, dem sie mißtrauen zu müssen meinte, siedelte sie donauwärts an. Erst im vorigen Jahrhundert entschloß man sich endgültig, den Strom zu regulieren und damit dem Stadtkörper einzuverleiben. Doch noch immer hatte man Hochwasser zu fürchten, dazu Eisstöße, die auch den stärksten Brücken gefährlich werden konnten. Unser Jahrhundert — und eben die letzten Jahrzehnte — haben hier mit großer Energie zugegriffen. Wurden durch die früheren Regulierungen die vielen zerteilten Arme des Stromes gebündelt, so hat man ihn jetzt in zwei Hauptstränge gespalten: Beide laufen parallel nebeneinander, kanalartig abgesichert und begradigt. Der eine transportiert die normale Schüttung. Der andere wird mit gefiltertem Wasser beschickt und soll als Dorado für Schwimmer, Segler und Angler dienen. Ist aber Hochwasser zu erwarten, wird er freigegeben. Dann können vierzehntausend Kubikmeter Wasser je Sekunde an Wien vorbeiströmen ohne Schaden anzurichten. So rechnet man, das Überschwemmungsgebiet für die Zukunft zu reduzieren; auch dies wieder ein Stückchen vom Menschen in Gang gesetzter Erdgeschichte.

V.

Wer das Wiener Becken ostwärts verläßt, bewegt sich in eine weite Ebene hinaus. Zwar, irgendwo weit draußen, über wogenden Äckern, schmalen Waldgürteln und ebenerdigen Straßendörfern blaut noch ein schattenhaft sich abzeichnender Höhenzug, das Leithagebirge, die allerletzte ausatmende Nachhut der Alpen. Dann, so weiß der Reisende, beginnt Ungarn, der vorgeschobene Teil der eurasischen Ebene, die ehemalige sarmatische Bucht der Thetis, deren letzte, allerletzte Überbleibsel die seichte Lache des Neusiedler Sees, die nicht viel tiefere des Plattensees sind. Für den Reisenden mit Bahn und Auto ist die Grenze zwischen Österreich und Ungarn nur durch Schlagbäume, Zoll und Flaggen kenntlich. Anders für den, der die Donau befährt. Der Strom beschert ihm noch einmal deutlich das Erlebnis, ein Tor zu durchschreiten, die porta hungarica: Wieder ein Engpaß zwischen felsigen Pfeilern, Theben heißt der Platz, mit einer weißen Jurakalkklippe stößt das Nordufer vor, sie trägt den Namen Jungfernberg oder Devon und ist der am weitesten vorgeschobene Finger der Karpathen. Dahinter taucht schon der Schloßberg der Preßburg auf: Wir werden nach Osteuropa eingeschleust.
Ruhig und stetig ziehen die Wellen neben unserem Schiff. Haben sie nicht noch vor kurzer Zeit geschäumt, waren geriffelt, gemuschelt, von Wirbeln durchzogen? Jetzt wird ihre Oberfläche seidig glatt, ihr Gefälle geringer und immer geringer. Auwald tritt an den Strom und zieht lange Girlanden; dahinter wissen wir Ackerland, eben wie ein Brett.
Die Donau hat aufgehört ein Alpenstrom zu sein, sie wird zum Tieflandstrom. Es fällt kaum auf, daß ein Arm von ihr abzweigt, Auwaldkulisse nimmt auch ihn auf, dazwischen dehnen sich Inseln, kleine, große und übergroße, so wie die Große Schüttinsel, die neunzig Kilometer lang und fast sechzig breit, zweihundert Ortschaften Platz bietet, ihr folgt die Kleine Schüttinsel, auch sie ein bedeutendes Stück Land. Hier hat die Donau lang als Alleinherrscherin regiert, hat ihre Wege genommen, wie es ihr paßte, hat überschwemmt und aufgeschüttet und neue und immer wieder neue

Seitenarme ins ebene Land hinausgestreckt. Natürlich hat sich auch hier der Mensch der Elemente zu erwehren gesucht, hat die Ufer befestigt, Leitwerke, Buhnen und Dämme gebaut.
Endlich, nach hundertfünfzig Stromkilometern, ändert sich die Szenerie, sie zeigt nach langem Fermate neue Akzente, neue Bewegung. Vor uns steigt das Ungarische Mittelgebirge auf, jenes Massiv aus Eruptivgestein, das das Herzstück des Karpathenraumes bildet. Schnell verengt sich das Tal zu neuem „Durchbruch", wieder gewinnt der Strom an Gefälle und wirft sich zwischen heiter bebauten Hängen in malerischen Schleifen hin und her. Dann aber, bei Waitzen — Waag, Gran und Eipel haben inzwischen ihre Wasser eingebracht — setzt die Donau zum großen Knick an. Zum erstenmal auf ihrem langen Weg wendet sie sich südwärts, und fünfhundert Kilometer wird sie diese Richtung einhalten. Folgt sie auch hier der Tiefenrinne der Thetis? Oder folgt sie, wie andere vermuten, dem Zug der Erdrotation, die ja alle Massen dem Äquator zuzuführen sucht?
Bald tritt zur Linken des Stromes wieder ebenes Land heran, wir haben die Große Ungarische Tiefebene, das Alföld erreicht, — und da rückt auch wieder eine große Stadt in unser Gesichtsfeld, die Doppelstadt Buda-Pest. Sie lagert am Südausgang des Gebirges, rechter Hand auf eine der letzten klippigen Anhöhen gelagert Buda, die Schloß-, Festungs- und ehemalige Adelsstadt mit dem ungefügen Klotz des Gellertberges; linker Hand, flach hingebreitet, Pest, Bürgerstadt und Handelsniederlassung. Es ist klar: Die Lage ist strategisch hochbedeutsam; doch scheint auch eine Gabe der Natur bei Gründung und Wachstum keine geringe Rolle gespielt zu haben; in und rings um Budapest sprudeln warme bis heiße Quellen von einzigartiger Ergiebigkeit. Sie spenden bis zu siebzig Millionen Liter im Tag, deutliches Zeichen der hier im Untergrund ungebrochenen vulkanischen Energien.

VI.

Nicht umsonst lautet ein altes ungarisches Sprichwort: Das Wasser ist ein guter Diener, aber ein harter Herr. Der Bewohner der Tiefebene weiß ein Lied davon zu singen, wie hart und launenhaft das Wasser reagieren, wie unerbittlich es dem Menschen seinen Lebensraum streitig machen kann.
Wer eine alte Karte von Ungarn zur Hand nimmt, kann mühelos ablesen, in welcher Verwilderung die Donau noch vor kurzer Zeit südlich von Budapest das Land durchirrte. Meilenweit dehnte sich ihr Sumpf- und Auengürtel, und wenn Hochwasser eintrat, dehnte sie sich bis zu fünfzig Kilometern Breite aus. Doch am furchtbarsten waren die Heimsuchungen, wenn auch die Theiss über das Ufer trat.
Die Theiss entspringt in den Karpathen, als kräftiger Gebirgsfluß schießt sie in die Ebene ein, wo sie fast schlagartig ihr Gefälle verliert. Damit verliert sie die Kraft, ihr Geschiebe zu transportieren, es bleibt als lockere Masse zurück. Nun beginnt der Fluß einen umwegreichen Lauf, in unendlichen Schlingen schlendert sie durch versumpfte Wiesen, zögert in Altwässern, irrt durch Auwald, eine Brutstätte für Stechmücken, aber ein Paradies für Wasservögel, wohl auch für Jäger und Fischer. Doch das Paradies wird zur Wasserhölle, wenn die Theiss anschwillt. Das im Oberlauf abgelagerte Geschiebe gerät in Bewegung, reißt den weichen Lößboden auf, zerreißt Dämme und setzt Wald und Fruchtland auf hundert Kilometern unter Wasser. So wurde die sanfte blonde Theiss unzählige Male zum Schrecken des Landes, ganze Dörfer, halbe Städte riß sie ins Verderben.
Die Donau hat die Drau aufgenommen. In krümmungsreichem Gang wendet sie sich wieder gegen Osten. Ein mäßiges Hügelland, die Fruschka Gora tritt vom Süden heran; nun war-

ten wir auf die Mündung des letzten Alpenflusses, der Save. Dort liegt auf einem vorgeschobenen Riegel der serbischen Karste Belgrad, die Weiße Burg, ein beherrschender Punkt im Zwickel der Ströme, vor ihr die kriegsgeschichtlich berühmt gewordene Kriegerinsel, zusammengebackener Donau- und Saveschotter.
Fünfzig Kilometer später: Mündung der Morava, die den westlichen Balkan entwässert; gleich darauf vom Norden her die Nera, ein Kind der südkarpathischen Piatra Goza. So kündigt sich die Nähe zweier Gebirge an. Nach langer geduldheischender Eintönigkeit darf sich der Donaureisende auf ausgiebige dramatische Eindrücke vorbereiten. Er nähert sich der sogenannten Kataraktenstrecke, in der die Donau ihren Weg über hundertdreißig Kilometer durch das Gebirge nimmt, genauer gesagt, durch die Nahtstelle zweier Gebirge; links die Ausläufer der Karpathen, rechts die Ausläufer des Westbalkan, beide immerhin noch fast tausend Meter hoch, eine bewegte heroische Landschaft, dergleichen kaum ein anderer schiffbarer Strom aufzuweisen hat. Die Hänge rücken heran, hier weiß, dort goldfarben, hier wüstenartig kahl, dort lieblich bewaldet. Die Formationen zeigen einen reichen Wechsel: Bald zerschluchteten Kalk, bald plastisch gerundeten Schiefer. Gneis und Quarzphyre treten hervor, Bruch- und Verwerfungslinien, vielfach gestaffelte Stromterrassen und ein rascher Rhythmus der Engen und Weiten, der Canyons und Becken zeichnen das Bild oder, besser gesagt, belichten den Film dieser einzigartigen Stromfahrt. An einer Klippe bricht sich die Flut und rauscht zornig auf: Es ist der Babakai-Felsen, ein Härtling aus hornblendedurchsetztem Kalkgestein; ihn hat nicht einmal die Schleifarbeit von Millionen Jahren einzuebnen vermocht.

Freilich — auch in dieser Szenerie der Naturwunder hat der Mensch planend und unermüdlich sein gigantisches Verwandlungswerk vollbracht. Wir wissen, weit unten, am Eisernen Tor ist der Strom gestaut. Unter der engsten Stelle, dem Kazan, an der sich die kochende Flut eine weit unter das Mündungsprofil der Donau reichende Grube aus dem Gesteinsbett gemahlen hat, wo die ungebändigten Naturgewalten eins der furchtbarsten Höllentore der frühen Schiffahrt geschaffen und unaufhörlich Opfer eingeheimst hatten, dort ist nun eine riesige Apparatur aufgerichtet: Sie staut den Strom 250 Kilometer weit zurück, sie liefert Energie für zwei Staaten, sie sperrt die Millionenjahre alte Durchbruchstelle — und hebt in ihren Schleusen die großen schwerbeladenen Donauschiffe wie Kinderspielzeug hinab und hinauf. Eine grandiose Tat. Aber was ist ihr auch alles zum Opfer gefallen. Die Dramatik der Kataraktenstrecke ist gezähmt. Eine archäologisch hochbedeutsame Stätte ist überspült worden. Die Römerstraße des Trajan ist in den Fluten verschwunden, die Türkeninsel Ada-Kaleh, ein Unikat kultureller Art, wurde ertränkt.

Die Donauquelle am Schloß in Donaueschingen, sie fließt seit 1828 unterirdisch in die Brigach. Die Einfassung entstand 1896, sie wird von der Plastik „Die Baar und die Donautochter" geschmückt

VII.

Und dann — was weiter? Hier, bei Gura Vaii, sind wir immer noch mehr als neunhundert Kilometer von der Donaumündung entfernt. Durch endlose Ebenen gleitet der Strom, oft so langsam, daß er rückläufig zu sein scheint. Links hinter Auwäldern weiß der Reisende die Walachei und eine der trostlosesten Steppenlandschaften Europas, den Baragan. Was sich schon in Ungarn angekündigt hatte, das kontinentale Klima Osteuropas, macht sich immer deutlicher bemerkbar. Die Sommer sind trocken und brütend heiß, die Winter sind hart. Gewaltige Stürme aus dem Osten fegen das Land. Manchmal peitschen sie auch die Fluten der Donau zurück. So wie der Schatten des Osmanischen Reichs jahrhundertelang die kulturelle Landschaft verdunkelte, so ist hier alles Leben einem härteren Gesetz unterworfen. Der Atem östlicher Weite streicht herein. Schon nähert sich der Lauf der Donau dem Schwarzen Meer, bei Cernavoda bis auf eine Entfernung von fünfzig Kilometern. Doch noch einmal muß sie einen Umweg nehmen, die Dobrudscha zwingt sie dazu, ein Löß- und Sandland, das aber mit harten Kalkstümpfen durchsetzt ist. Hier gibt es Steinbrüche, höchst kostbar in diesem Teil der Welt, das hier gebrochene Material wird bis Süd- und Mittelrußland verschifft.
Noch einmal, vor und nach dem großen Ostknick bei Galatz kommen der Donau zwei große Flüsse entgegen, Sereth und Pruth. Für eine kurze Strecke lassen sie den Strom noch einmal anwachsen und zu majestätischer Größe aufschwellen. Doch bald darauf setzt seine Zerfaserung in das Delta ein. Drei große Arme, Chilia, Sulina und St. Georg, teilen die Wasser, sofern sich diese nicht schon ringsum in weiten stehenden Lachen, Kanälen, Sümpfen und Mooren verloren haben. Da dehnen sich Landschaften aus Riedgras, Binsen und Moosen, von offenen Wasserbahnen durchädert, ein labyrinthisches Dickicht. Das Delta wirkt wie ein gigantischer Schwamm, der sich der Ostentwässerung unseres Kontinents entgegenstellt. Ungeheure Mengen von Sinkstoffen lagern ab, am Chiliaarm wächst das Land ins Meer hinaus, schneller als an anderen Strommündungen; mag sein, daß die Gezeitenlosigkeit des Schwarzen Meeres dieses Wachstum fördert. Die Geologen sagen, in Millionen Jahren wird sich das Delta der Donau mit den Delten der südrussischen Ströme Dnjestr, Dnepr und Don vereinigt haben, ein einziger gewaltiger Strom werde dann in die Dardanellen münden. Er wird, wenn nicht unbekannte, unberechenbare Kräfte aus der Tiefe der Erde oder des Alls anders entscheiden.
Der Reisende verläßt sein Schiff. Wer noch weiter ostwärts will, muß auf ein Hochseeschiff umsteigen, er verläßt den Donauraum, das Donaureich.
Das Donaureich: Die Südostabdachung unseres Kontinents, ein hydrographisches Einzugsgebiet, das jenes des Rheins um das fast Vierfache übertrifft. Es hat Teil an den höchsten Gebirgen Europas, Teil an ältesten Schollen und jüngsten Faltungen und Vulkanismen. Der Stromlauf beschenkt den Reisenden mit einer Fülle dramatisch wechselhafter Szenerien, aber er erzieht ihn auch, Eintönigkeit zu ertragen und damit wieder teilzunehmen am langen Atem der Erde, geduldig und vielleicht sogar dankbar.

Vorausgegangene Seiten:
Als Gebirgsbach fließt die Breg vom Kolmenhof durch Furtwangen bis Donaueschingen
Die Brigach erinnert in Donaueschingen, nachdem sie die Donau aufgenommen hat, an einen gepflegten Kanal
Rechts: An den Ursprüngen im winterlichen Schwarzwald — Von der Bregquelle zur Brigachbrücke in Donaueschingen

J. Albrecht Cropp

Von der Quelle bis zur Mündung —

Ein Tagebuch

Die Deutsche Generalkarte gilt für den Maßstab 1 : 200 000 als die genaueste. Auf dem Kartenblatt Nummer 24 steht im Schwarzwald nordwestlich von Furtwagen bei der Martinskapelle in blauen Buchstaben: „Donauquelle". Verfolgt der Interessierte den Bachlauf auf der Karte, so findet er bei der Ortschaft Zindelstein die Bezeichnung Breg für dieses Gewässer, das den Namen bis zur Stadt Donaueschingen weiterträgt. Dort, wo dann die Bezeichnung „Donau" das erste Mal in großen Lettern erscheint, schlängelt sich vom Norden aus der Gegend von Triberg ein weiteres Flüßchen namens Brigach heran: Östlich der Stadt vereinen sich Brigach und Breg zur Donau. Nun erst bleibt der Name in den Abwandlungen des Slowakischen, Ungarischen, Serbo-Kroatischen, Rumänischen, Bulgarischen und Russischen für gut zweitausendachthundert Kilometer bis zum Schwarzen Meer erhalten.
Wir suchen nach weiteren Karten. In der Wanderkarte „Süd-Schwarzwald" im Maßstab 1 : 100 000 steht auf der Schwarzwaldhöhe bei Martinskapelle und Kolmenhof in schwarzen Lettern: Breg-Quelle. Das Flüßchen heißt hier auf seinem Weg durch romantische Schwarzwaldtäler weiterhin Breg. Dann gibt es seinen Namen an eine wie von ungefähr auftauchende Donau ab. Wir greifen nun zum Großen Brockhaus und finden folgenden Eintrag: „Donau, tschech. Dunja, magjar. Duna, serb. bulgar. Dunav, rumän. dunarea, russ. Dunai, Hauptzufluß des Schwarzen Meeres, mit einer Länge von zweitausendachthundertfünfzig Kilometer (2 588 km schiffbar) und seinem Einzugsgebiet von 773 000 qkm. Die Donau entspringt mit den beiden Quellflüssen Breg und Brigach, die sich bei Donaueschingen vereinigen, auf der Ostseite des Schwarzwaldes . . .". Der Brockhaus verhält sich diplomatisch: Er vermeidet die Bestimmung der Quelle, indem er beide, Breg und Brigach als Quellflüsse nennt.
Gibt es also zwei Donauquellen? Bevor sich der Fotograf auf die Reise macht, ruft er das Verkehrsamt der Stadt Donaueschingen an. Er fragt harmlos, wo er denn die Donau-Quelle zu suchen habe. Der Telefonpartner scheint auf die Frage just gewartet zu haben, denn seine Antwort kommt wie aus der Pistole geschossen: „Die einzige verbriefte Donauquelle entspringt hier in Donaueschingen am Schloß. Wenn Sie sich für die Donau interessieren, sollten Sie hier mit Ihrer Reise beginnen!" Erst weitere bohrende Fragen nach Berg und Brigach führen zu der etwas unwilligen Auskunft: „Über diese Donauzuflüsse streiten sich die Gelehrten. Verbrieft ist die Quelle der Breg als Donau-Quelle jedoch nicht."
Da stehe ich nun mit meinem selbstgebastelten Thema „Die Donau — Von der Quelle bis zur Mündung". Welcher Wissensquelle soll ich vertrauen? Ich entschließe mich, zuerst die Quelle der Breg aufzusuchen.

Kolmenhof, Mittwoch, 2. Januar
Die Weihnachtstage gehören der Vergangenheit an. Eine Sylvesterfeier mit guten Freunden hat ein neues Jahrzehnt harmonisch beginnen lassen. Alle Voraussetzungen für geruhsame Familientage bis über die Heiligen Drei Könige hinaus sind gegeben. Doch ich bin schon seit dem dritten Weihnachtstag unruhig. Zu viele Feiertage liegen mir nicht. Während der Wetterbericht Schnee meldet, breche ich zur Donau auf.
Der Intercity-Zug kommt in Freiburg mit halbstündiger Verspätung an. Vor dem Bahnhof wartet im Dunklen der letzte Omnibus nach Furtwangen. Etwa zwei Dutzend Pendler und Touristen sitzen schweigend im Wagen. Ich zwänge meinen blauen, dick gepackten Wanderrucksack neben mich auf die Sitzbank hinter dem Fahrer. Es schneit. „Es hat den ganzen Tag geschneit", erzählen die Touristen. Der

Vorausgegangene Seiten:
Zug- und Busfahrt von Pforingen nach Beuron
Rechts: In der Flußniederung vor Pforingen

INRI

Wetterbericht, der von nachlassenden Schneeschauern und sogar von Aufheiterung sprach, hat hier im Schwarzwald keine Gültigkeit.
Der Bus läßt die Lichter des Oberrheins hinter sich und fährt in eine dunkle Gegend, der Strahl der Scheinwerfer verliert sich in der tiefschwarzen Wand der Berge. Am Steuer sitzt ein an den Schläfen ergrauter Fahrer. Trotz schneebedeckter Straße zieht er ohne spürbares Abbremsen zügig durch die Kurven, als hätten wir nicht eine rutschige Fahrbahn, sondern würden auf Schienen die Kurven und Serpentinen hinaufgetragen.
An den Haltestellen in den Dörfern steigen ältere Badener ohne Eile hinzu. ,,Nur net hudle!" brummt ein Alter, als der Fahrer zu mehr Eile drängt. Der Schnee verschluckt die Geräusche. Ich fühle mich an Busfahrten in den Kriegs- und Nachkriegsjahren erinnert.
In Furtwangen wartet ein Taxi, das der Kolmenhof für mich bestellt hat. Die restlichen acht Kilometer hinauf gibt es keine öffentlichen Verkehrsmittel. Der Wagen hat keine Winterreifen, die Schneeketten liegen im Kofferraum. Nach fünf Kilometern Fahrt, an einer Bergstrecke, geschieht es: Ein entgegenkommendes Fahrzeug zwingt uns zum Ausweichehalt. Da ist Schluß. Die Reifen drehen durch, nichts geht mehr. Zumindest nicht aufwärts. Ich setze die Pelzmütze auf, schultere den Rucksack und stapfe auf der stillen, von dickem Schnee gepolsterten Straße. Auch ohne Mondschein erkenne ich die Tannengruppen, einzelne Gehöfte und die mir den Weg weisenden Schneestangen. Ein Schild mit dem Hinweis ,,Zur Donauquelle" erinnert mich an mein Ziel.

Donaueschingen, Donnerstag, 3. Januar

In der Wirtsstube des Kolmenhof gemahnen Postkarten und kleine Hinweistafeln an den bedeutsamen Ort der Donauquelle, die nahe unter dem Gasthaus, von Hinweistafeln und Schutzzäunen flankiert, an die Erdoberfläche sprudelt.
Eine Informationstafel mit kleinen Grafiken und statistischen Angaben soll beweisen, daß die Breg mit fünfundfünfzig Kilometern Flußlänge bis Donaueschingen der längste Donau-Quellfluß und sein Wassereinzugsgebiet das Größte ist.
Skilangläufer stärken sich im Gasthaus mit Ovomaltine für das Training auf ungespurten Loipen bei kräftig einsetzendem Schneetreiben. Drei Mädchen im Schulalter versuchen, an der Hangseite des Kolmenhofes mit einem Kehrbesen eine Rutschbahn zur Donau- oder Breg-Quelle anzulegen. Gemeinsam stapfen wir, bis über die Knie im Schnee versinkend, mit dem Besen bewaffnet, zur Quelle. Eine der kindlichen Jungfrauen fegt mit dem Reisigbesen eine der Bronzetafeln frei. Wir lesen, daß von diesem Punkt die ,,deutsche Donau" gemessen wird. Rund sechshundertsiebzig Kilometer seien es von hier bis zur Grenze bei Passau.
Die Szene um die Quelle könnte einem Schwarzwald-Bilderbuch entstammen. Tannen und Fichten stehen mit schneebeladenen, tief herabgedrückten Zweigen an konturlosen weißen Hängen. Ein Disneyland-Dekorateur könnte keine perfektere Schwarzwald-Staffage schaffen.
Auf meiner Wanderung den Katzensteig hinab habe ich den Bach, die Breg, die spätere Donau, unablässig im Blick. Das Tal entspricht den Vorstellungen vom Schwarzwald-Idyll. ,,Gesundes Leben, glückliche Kühe, reines Wasser". Derlei Slogans gehen mir durch den Kopf. Starker Schneefall verkürzt die Sicht. Der Bach, wenn ich ihn erkennen kann, durchschneidet schwarz die schneebedeckten Wiesen. Furtwangen heißt der erste Ort, den die Breg erreicht und durcheilt, an dem sie auch — wie es im Amtsdeutsch heißt — ,,zum ersten Male genutzt " wird. Kleine Gewerbebetriebe stehen an den Ufern. Früher war das Wasser Energiequelle. Abwasserrohre münden nun in die

Im Schnee den Katzensteig hinab: Von der Quelle der Breg zum Brunnen in Donaueschingen

meist mit Stein oder Beton befestigten Ufereinfassungen.
Ungeduldig wie zu einem Rendezvous, eilt die Breg das Ober- und Untertal hinab, durchfließt Vöhrenbach und Wolterdingen, umarmt Donaueschingen, um sich dann mit der Brigach zur Donau zu vereinen.
Während sich Schneeschauer in rascher Folge von den Schwarzwaldhöhen herabwerfen, während Räumfahrzeuge mit gelben Warnblinkleuchten die Hauptstraßen freischieben, während Autofahrer Schneeketten anlegen und Hausmeister von Dachlawinen bedrohte Dächer freischaufeln, versuche ich, zu Fuß von Furtwangen weiter der Breg zu folgen. Ein Probegang abseits der Straße auf der Trasse der ehemaligen Eisenbahn scheitert. Der Schnee ist kniehoch verweht. Der unebene Grund läßt Wandern in Stolpern enden. Auf der Straße nach Vöhrenbach komme ich auf der äußersten linken Fahrbahnseite zügig voran. Doch weder die Autofahrer noch ich werden dabei glücklich, bei jeder Begegnung wird die schneeglatte Straße schmal. Das Schneetreiben verdichtet sich, so daß auch an Fotografieren nicht mehr zu denken ist. In Vöhrenbach klettere ich in den Bus.

Tuttlingen, Freitag, 4. Januar
Über Donaueschingen, wohin der Bus mich brachte, meldet der Brockhaus: „Kreisstadt in Baden-Württemberg, mit (1966) elftausendsiebenhundert — zu 69% katholischen — Einwohnern. Donaueschingen liegt 694 m über dem Meer am Zusammenfluß von Brigach und Breg am Ostrand des Schwarzwaldes in der Baar, — die Alemannen-Siedlung Esginga (889) kam über die Zähringer an die Grafen von Urach, die späteren Fürsten von Fürstenberg. 1733 wurde Donaueschingen deren Residenz, 1810 Stadt. Das Schloß (1722) wurde seit 1893 völlig erneuert. Im benachbarten Karlsbau sind fürstliche Gemäldegalerie (Holbein d. Ä., Grünewald u. a.) und naturkundliche Sammlungen untergebracht. Bedeutend ist auch das fürstlich Fürstenberg'sche Archiv".
Auf der kleinen Anhöhe, auf der sich über der Brigach die Altstadt von Donaueschingen angesiedelt hat, steht alles überragend die barocke Stadtkirche. In einem langen, eindrucksvollen Bau schließt sich das Schloß der Fürsten zu Fürstenberg an. Zwischen diesen, die Stadt prägenden Gebäuden liegt als dritte Sehenswürdigkeit die im neunzehnten Jahrhundert im Geschmack der Zeit pompös eingefaßte Donauquelle. Die Anlage erinnert von weitem an einen Brunnen ohne Wasserspiel. Die 1896 geschaffene Marmorgruppe über dem Quellteich zeigt zwei Frauen: Sie symbolisieren die Baar und die Donau. Die Baar weist der Tochter den weiten Weg zum Meer. Umrahmt von einer gußeisernen Balustrade liegt ein kreisförmiges Wasserbecken, einem Wasserauge gleich. Auf der Oberfläche spiegeln sich Balustrade, Zweige und neugierige Besucher. Ein unablässig aus der Tiefe drängendes Blubbern stört die Spiegelung: die Quelle. Die Donaueschinger „Donauquelle" drückt rund hundertzwanzig Liter pro Sekunde in den Brunnen.
Der Eindruck, am Ursprung eines der bedeutendsten europäischen Flüsse zu stehen, wird allerdings stark gemindert: Das Quellwasser entschwindet so rasch, wie es gekommen ist, zwischen Gitterstäben, wie wir sie vom Überlauf eines Fischteiches kennen, in einen unterirdischen Kanal. Beim Umbau des Schlosses Anfang des neunzehnten Jahrhunderts entschlossen sich die Baumeister zu dieser Lösung. Das Wasser der „verbrieften" Donauquelle muß, kaum daß es das Tageslicht erblickt hat, in Rohre gezwängt, verschämt, nicht mehr sichtbar, unterirdisch sich zur Brigach gesellen.
Der Brigach gebührt nach der Breg die Auszeichnung, sich Quelle nennen zu dürfen, denn fürstlich ist ihr Fluß-

bett durch Donaueschingen hindurch. Alleen säumen unterhalb des Schlosses ihren Lauf. Um endlich zur Donau zu gelangen, muß ich noch etwa einen Kilometer am Ufer der Brigach entlangwandern. Im spitzen Winkel, den Breg und Brigach bei ihrer Vereinigung bilden, liegt das Tierasyl der Stadt Donaueschingen und der Hundedressurplatz. So kommt es, daß Hundegebell das leichte Plätschern und Gurgeln beim Zusammenfluß übertönt. Eine Betonbrücke überspannt den Fluß dort, wo er sich endlich Donau nennen darf. Am Südufer schließt sich das Areal der Kläranlage der Stadt an. Die aus drei Quellbächen entstandene Donau wird auf ihrer knapp dreitausend Kilometer langen Reise zum wirtschaftlichen Nutzen der Anrainer fließen. Dreigeteilt wie ihr Ursprung ist auch ihr Ende, denn drei Hauptströme ergießen sich im Delta ins Schwarze Meer.
Auch über der Riedniederung östlich der Stadt liegt Schnee. Entwässerungskanäle durchziehen die Wiesen zur Donau hin. Traktorspuren enden am Fluß. Aus dem Schilf stöbern schimpfend Wildenten auf, die hier ihren Winterunterschlupf gefunden haben. Der Mann mit dem Traktor hat Futter für die Vögel auf die Böschung geschüttet. Mit Karte und ein wenig Gespür läßt sich der Feldweg zum Stadtteil Pfohren erahnen. Aus dem Schnee herauslugende Halme verraten den Wegverlauf. Einzelne Pfosten markieren die Brücken über die Kanäle. Das angestrengte Ausschau-Halten ermüdet, macht fast schneeblind. Ein Gefühl, eher in der Taiga oder in Lappland durch den Schnee zu stapfen, kommt auf. Ich bin heilfroh, als ich wieder auf eine Traktorspur treffe. Ich folge den markanten Reifenabdrücken.
Pfohren, der erste Ort an der nun offiziell anerkannten Donau, unterscheidet sich nicht von vielen südwürttembergischen Dörfern. Eine Kirche und drei Gasthäuser bestimmen das Bild. Das alte, trutzige Gemäuer, das einmal eine Wehrkirche gewesen sein mag, heißt jetzt auf der Karte „Entenburg". In der Gaststube des „Grünen Baum" sitzt einer und gabelt Hacksteak und Spätzle in sich hinein; die Wirtin hat auch für mich noch eine Portion bereit. Selten haben mir eine Boulette und ein Schoppen Wein so gut geschmeckt wie nach meiner Taiga-Wanderung.
Auch über die Felder nach Neudingen treibt der Wind in diesen ersten Januar-Tagen Schneeflocken und Kälte. Spuren verlieren sich unter Wehen. Ein drei Meter hohes Kruzifix ragt aus der konturlosen weißen Weite.
In Neudingen wird die Donau auf ihrem Lauf ein erstes Mal tatsächlich kommerziell genutzt. Ein abgezweigter Mühlkanal fließt träge und grau mit einem guten Teil des Flußwassers an den Gehöften des Ortskerns entlang. Vor einem Wehr bildet das Wasser einen Teich. Zwei Schwäne treiben auf dem Wasser. Der Kanal endet an der alten Getreidemühle. Wasser zwängt sich durch ein Gatter, stürzt auf eine Turbine und erzeugt noch heute für die Nachfahren des Müllers Strom.

Sigmaringen, Samstag, 5. Januar
Zwischen Tuttlingen und Sigmaringen hat sich die Donau ihr Flußbett in Kalkfelsen gefressen. Dieses Stück nennt sich „Romantisch junge Donau". Gegen den Neuschnee wirkt das Wasser tintig schwarz. Die Alleebäume, die in Tuttlingen zwischen Fluß und Uferweg Spalier stehen, geben dem Städtchen einen Hauch städtischer Großzügigkeit.
Die Donau hat nun schon den Charakter eines Flusses angenommen. Dies, obwohl zwischen Immendingen und Möhringen eine gute Menge ihres Wassers im porösen Kalkgestein versickert, um sich unter der Alb einen anderen Weg zu suchen. Erst bei Aach im Hegau steigt dies Wasser, verstärkt durch weitere unterirdische Zuflüsse, als Europas stärkste Quelle wieder an die Erdoberfläche. Bis zu

Für Kanufahrer ist der Juradurchbruch zwischen Beuron und Sigmaringen ein ideales Revier

Felsnadeln säumen die junge Donau beim Albdurchbruch. Droben trohnt sehr deutsch Schloß Sigmaringen, flußaufwärts sitzt das barocke Beuron weltabgeschieden im Tal

zwanzigtausend Liter in der Sekunde sprudeln in die Radolfzeller Aach, die das Wasser aber nicht zurückbringt in die Donau, sondern in den Rhein führt. Bergland, junge Donau, heißt die Region, deren bizarrer Reiz sich mit der Sächsischen Schweiz am Oberlauf der Elbe messen kann. Zwischen Tuttlingen und Sigmaringen säumen schroffe Felsabbrüche, Kegel, Nadeln und seltsame Gesteinsformationen den Fluß. Das gewundene Tal ist ein ideales Feriengebiet für Wanderer und an einigen Stellen auch geeignet zum Klettertraining.
Dem Wanderer, der auf dem Uferweg dem Lauf der Donau folgt, erscheint das Zollernschloß in Sigmaringen, hoch auf dem Felsen thronend, wie eine Zwingburg des Mittelalters. Über der Engstelle des Donautales ist das Schloß so wirksam plaziert, als hätte da ein erfahrener Bühnenbildner seine Hand im Spiele gehabt. Leider wurden wesentliche Teile des Schlosses bei einem Brand im Jahre 1893 vernichtet. Im Geschmack des ausgehenden neunzehnten Jahrhunderts wurden beim Wiederaufbau den alten Elementen romantisierende Zutaten aufgesetzt. Auf ausländische Touristen wirkt Schloß Sigmaringen wie eine Manifestation deutscher Wesensart. Heute dient die Zollernburg der Schaulust von Besuchern und fürstlich-hohenzollernschen Familienfesten gleichermaßen.

Neumühle, Freitag, 11. April
Die Versickerungsstellen der Donau bei Immendingen und Fridingen lagen während der ersten Etappe meiner Donauerkundung unter Schnee verborgen. Da sie in allen Führern und Karten als Sehenswürdigkeit ersten Ranges aufgeführt sind, beginne ich den zweiten Reise-Abschnitt, die Fahrt in den Vorfrühling, noch einmal hier. Zwanzig Tage sind seit Frühlingsanfang schon vergangen. Die rechte Zeit für jene ganz zarten Grüntöne im spätwinterlichen Grau und Braun. Bei der Anfahrt über die Autobahn reißt die Wolkendecke auf. Sonnenlicht belebt die Wiesen. Das Donautal verengt sich, der Albdurchbruch tritt wie auf den Gemälden der Romantiker überdeutlich ins Bild. Auf der Suche nach dem geheimnisvollen Ort der Versickerung stapfe ich mit rasch durchnäßten Stiefeln durch taunasses Gras. Die Donau fließt, obgleich durch trichterförmige Strudel in ihrem Lauf gestört, mit unverminderter Stärke weiter. Von Austrocknen keine Spur. Markierungen verraten jedoch, daß hier im Sommer eine Furt wohl fast trockenen Fußes passiert werden kann. Jetzt, im April, überspült starkes Schmelzwasser vom Hochschwarzwald die Versickerungsstelle. Ich muß also den Berichten der Wissenschaft glauben, die mit großen Mengen von Farbe und Salz das Versickern und unterirdische Fortfließen bis zur neuen Quelle der Aach nachgewiesen haben.
Aussichtspunkte, diese Haltestellen der Touristenbusse, die zum Ablichten eines Panoramas in Postkartenmanier herausfordern, waren mir bisher ein Greuel. Beim Studium alter Ansichten der Donau und neuerer Fotografien fand ich immer wieder den „Knopfmacherfelsen" von Beuron abgebildet. Kräftige, gespleiste Drahtseile sichern schmale Aussichtskanzeln, die über fast senkrecht abfallenden Felsen den Blick auf eine Flußschleife, Kloster Beuron und die rauhen Albhänge freigeben. Wie zu den Felsen des Elbsandsteingebirges pilgern auch hier die Neugierigen hinauf, um von oben zu betrachten, wie das scheinbar so geschmeidige Wasser die Felsen im Laufe von Jahrtausenden zersägt und geteilt hat. In einem ruhigen Augenblick klettere ich auf den Sockel eines Fernrohres, stütze die Füße auf das Metallgeländer, um mit dem Weitwinkelobjektiv die auch mich beeindruckende Szene festzuhalten. Sonne und Wolken ändern rasch das Bild. Ich stehe auf dem unsicheren Tritt hoch über dem Abgrund, balancierend mit meinen Aufnahmen beschäftigt, als

Vorausgegangene Seiten:
Blick vom Knopfmacherfelsen auf die Schleife vor Beuron
Ritt auf alten Wegen von Beuron nach Thiergarten
Rechts: Die Neumühle bei Thiergarten, jetzt Gasthaus

mich eine auf die winzige Kanzel drängende Schweizer Gruppe fast aus dem Gleichgewicht bringt. In deutscher und französischer Sprache erklärt der Reiseleiter die Szene. Währenddessen klicken ein Dutzend Verschlüsse, das Bild für zu Hause rasch festhaltend. Voila, das war die Donau.
Kloster Beuron liegt nach vierzig Minuten Fußwanderweg vor mir im Tal. Eine jener alten mit Holzdach geschützten Brücken überspannt noch den Fluß. Mit anderen Besuchern gehe ich in die Barockkirche der Benediktiner Erzabtei. Die leutselige Stimme eines Paters schlägt uns entgegen. Er erklärt mit Engagement und nicht ohne Humor gerade einer schwäbischen Schülergruppe, die sich in den drei Reihen des Chorgestühls drängt, Besonderheiten des Baues. Die barocken Putten seien geschlechtslos dargestellt worden, weil sie den Menschen generell symbolisieren sollen. Die Backen des Paters röten sich beim Erzählen, er schweift ab, bedauert, daß die Menschen das Lachen verlernen, weil ihnen der wahre Glaube fehle.
Wie auf einem kleinen Tablett liegt die Abtei mit ihren Ökonomie-Gebäuden und Werkstätten im Donaubogen — beschützt und abgekapselt durch Felsen und Hänge der Alb.
Eine Sage erzählt, Graf Gerold von Bussen habe schon im Jahre 770 das erste Kloster hier ins Leben gerufen, nachdem er auf einem Jagdausflug eine Erscheinung hatte. Seit 1097 ist die Existenz eines Augustiner-Chorherren-Stiftes verbrieft. Seine Bedeutung muß weit über das Donautal hinausgereicht haben, denn die gewaltigen Zerstörungen des Dreißigjährigen Krieges wurden von Augustinern, Freunden und mit Hilfe von Spenden rasch verkraftet. Zu Ende des siebzehnten Jahrhunderts waren die wesentlichen Gebäude wieder aufgebaut. Die Abteikirche wird dann unter Leitung von Mattheus Scharps in den Jahren 1732 bis 1738 im barocken Stil errichtet. Erst die Säkularisation um 1802 beendet die fast tausendjährige Arbeit der Augustiner. Aber eine Stiftung der Hohenzollern-Witwe Katharina ermöglichte 1862 dem Benediktinerorden einen Neubeginn.
Seitdem ist Beuron in der Abgeschiedenheit des Donautales wieder ein Zentrum religiöser Besinnung. Daß der barocke Kirchenbau bis ins Detail des geschnitzten Chorgestühls den Eindruck einer Himmelsglocke erwecken soll, erzählt der Pater fast beiläufig. Mir scheint in diesen Minuten das ganze Kloster Beuron unter einer Himmelsglocke zu liegen.
Der junge Wirt der Neumühle wird die Gastwirtschaft an der Donau bei Thiergarten in Kürze in der dritten Generation bewirtschaften. An die Mühle mit ehemals eigenem Stichkanal und dem Mühlrecht auf der südlichen Flußseite erinnert nur noch der Name. Der Mühlkanal wurde zugeschüttet, Planierraupen ebneten das Gelände zu einem Parkplatz für Gäste und Wanderer. Das Gasthaus hat sich zum Fremdenverkehrsbetrieb gemausert. Ein Anbau beherbergt Gästezimmer, auch ein Hallenbad fand unter dem Hof Platz. Zwängen nicht die hohen Heizölpreise zum Sparen, könnte ich mich jetzt nach dem Wandern durch Schwimmen fithalten, doch dieses Jahr wird das Bad erst zu Pfingsten seine Saison eröffnen.
Zum Nachtisch legt mir der Wirt sein Fotoalbum mit Aufnahmen der auf den Kalkfelsen thronenden Burg Falkenstein vor. Erst in den vergangenen Jahrzehnten haben historisch interessierte Freunde des oberen Donautals mit der systematischen Ausgrabung, Erfassung und Erhaltung der Altertümer begonnen. Ich frage, ob von der Falkenstein, wie am Rhein, Raubritter den Handelsweg entlang der Donau kontrollierten und den Fuhrleuten Wegezoll abverlangten. Der Neumühle-Wirt muß mir die Antwort schuldig bleiben, meiner Vorstellung von

Schwäbischer Barock: Kruzifix, Hauptschiff und Deckenfresko in Beuron. Klostergarten von Obermarchtal und Fassaden in Dillingen

I·N·R·I

OBERE APOTHEKE

Wie vom Riesen an den Fluß gesetzt: Zwiefalten. Weiter mit Siebenmeilenstiefeln zum Ulmer Münster, wo ich den Schneider Berblinger vergebens suche

Schloß auf der Anhöhe der Alb im Doppeldorf Glashütten, lebten fast fünfhundert Jahre lang die Vorfahren des Reitstallbesitzers Marquart. „Dort oben hatten wir mehr als fünfhundert Hektar Land", ruft er mir zu. Für diese Gegend mit meist kleinen Parzellen war das ein riesiger Besitz. „Doch der Großvater", fährt er fort, „hatte zuviel Geld in der Stadt investiert, kam in die Inflation und mußte alles verkaufen!" Die Marquarts haben neu angefangen; geblieben ist eine ausgeprägte Umsicht: Kein unnötiges Risiko eingehen, lautet der Wahlspruch.
Bei unserem Donauritt kommt es zu keinen Zwischenfällen. Wir galoppieren nur dann, wenn ein Wegstück besonders geeignet ist. Doch werde ich Opfer einer eher spaßigen Episode, als der Braune meine Unaufmerksamkeit beim Filmwechseln im Sattel ausnutzt und sich wie ein Kamel bedächtig hinlegt, um mich zur Seite an den Wegrand abzusetzen. Meine Mitreiter darf ich später mit einer Runde aushalten.

Ulm, Montag, 14. April
Mir kommt es vor, als hätte ich Siebenmeilenstiefel angezogen, seit ich nun nach Fußwanderung und Ritt ins Auto gestiegen bin und flußabwärts fahre. 35 Kilometer waren bisher eine Tagesetappe. Mit dem Auto schrumpft sie auf eine Stunde zusammen.
Vor Scheer, einer heimelig über einem Donaubogen sitzenden Kleinstadt, läßt mich der Durchblick auf altes Gemäuer den Wagen anhalten. Ein ausgebranntes Haus an der Straße neben noch benutzten Pferdeställen erregt meine Neugier. Am seitwärts liegenden Tor treffe ich auf die Besitzerin, die mir gern einen Aussichtspunkt über die Stadt zeigt. Hinter dem Vorgarten verbirgt sich ein an Tessiner Idyllen erinnerndes verwunschenes Gelände, ein Haus, das über Locarno liegen könnte. Der intensiv blaue Himmel macht die Illusion perfekt, im Süden zu sein. Am Rande der herben Schwäbischen Alb erreicht mich zum ersten Mal ein Hauch der wärmeren, südlichen Länder, zu denen der Fluß unermüdlich weiterfließt.
Gemächlich schiebt sich nun die von vielen kleinen Zuflüssen gestärkte Donau in Richtung Nordost, nach Ulm. Bald trifft sie auf die Oberschwäbische Barockstraße, die — wie es im Prospekt heißt — „Perlen des Barock aneinanderreiht". Und der Donaureisende kann an den Klöstern und Kirchen wirklich nicht vorbeischauen, schon gar nicht nach dem faszinierenden Albdurchbruch, wenn der Fluß bei Scheer seine Sturm- und Drangzeit hinter sich gelassen hat.
Das mächtige Münster der Benediktinerabtei Zwiefalten mit seiner gewaltigen Kuppel wirkt wie von Riesenhand in die enge Talsenke gesetzt. In Obermarchtal überrascht den Besucher hinter einem frisch geweißten Torhaus ein gepflegtes Areal mit gestutzten Platanen. In der Mitte des Vierecks ragt der Kirchturm hinter Baumwipfeln empor. Rechts das langgezogene Schloß, zur linken Schloß-Gaststätte und Schloß-Apotheke. Der Park ist der rechte Platz,um auf einer sonnigen Bank die Zeit zu vergessen.
Mein nächstes Ziel ist Ulm. Der abenteuerliche Flugversuch des Schneiders Berblinger ist mir aus der Schule in Erinnerung geblieben. Die Vorstellung, der Schneider sei vom Turm des Münsters zu seinem mißglückten Flug gestartet, läßt mich zuerst zum Münsterplatz wandern. Mit Kamera, Wechselobjektiven und Reservefilm gerüstet, komme ich mit vielen Ausflüglern zum Aufgang. Eindhundertdreiundvierzig Meter des einhunderteinundsechzig Meter hohen Turmes sind über siebenhundertachtundsechzig Stufen zu erklettern. Im engen Wendelgang, wo ich den Kopf einziehen muß, beschleicht mich Platzangst bei all dem Gedränge und Geschubse. Ich lasse die emsig kletternden Tennisschuh-Touristen überholen und versuche, durch die Luken in den dicken Mauern der Wendeltreppen Luft zu schnappen und Ausblick zu gewinnen. Vorbei an der Glockenstube mit dem neuen, aus

In Rottenacker nutzt Industrie den jungen Fluß

amerikanischen Geldern gespendeten Geläut gelange ich das erste Mal außer Puste in siebzig Meter Höhe auf die Viereckgalerie. Beim Fotografieren über die Brüstung kommen mir Zweifel: Wie konnte der Schneider sein Fluggerät auf diese Höhe bringen? Mußte er alles zerlegen und hier oben im Wind zusammensetzen? Hat ihm der Magistrat einen Flaschenzug installiert, oder waren die Hebewerkzeuge vorhanden, da ja der Münsterturm bis Anfang des neunzehnten Jahrhunderts als Torso stand und nicht weiter gebaut war als bis zu dieser Viereckgalerie?
Ich steige weiter. Gottlob sind zwei Treppen da, eine hinauf, die zweite zum Hinabsteigen.
Der Rundblick von der Achtecksgalerie in hundertundzwei Metern Höhe ist wirklich faszinierend. Die klare, kalte Luft eines frischen Hochs schärft die Konturen der Altstadt überdeutlich.
Beim Pförtner an der Kasse kaufe ich mir dann für 1,50 Mark den Führer für das Münster und frage den Alten in seinem Glaskabäuschen, wo genau denn der Schneider von Ulm zu seinem Flugversuch gestartet sei. Ich ernte nur ein Grinsen und die Auskunft, daß der Schneider nie vom Münsterturm, sondern von der Adlerbastei, einem Teil des Stadtwalles, zu seinem Flug in die Donau gehüpft sei.
Das war im Jahr 1811.
Am Abend als die Sonne schon harte Schatten auf Ulms Paradeaussicht wirft, sehe ich mir das quirlige Treiben auf der Uferanlage und Mauerkrone von der bayerischen Seite, von Neu-Ulm aus an: Studenten werfen sich Scheiben und Bälle zu, Kinder rollen auf Skates. Mütter führen Kinder und Wagen, Väter Hunde und wieder Kinder. Farbige sitzen in grellen Hemden und Jeans, wie von einem Regisseur dirigiert, vor knorrigen Bäumen und auf dem Mauerwerk. Zwei Ruderboote, wohl auf der ersten Trainingsfahrt, beleben den Vordergrund. Es ist eine natürliche, in ihrer Perfektion schon wieder arrangiert wirkende Opernkulisse, die nur noch auf den Auftrittshelden zu warten scheint.

Donauwörth, Dienstag, 15. April
Morgendliche Fahrt mit der Donau in Richtung Nordost. Hinter Leipheim wird die Landschaft frei und weit. Wie aufgereiht liegen in knapp halbstündigem Abstand am Fluß Günzburg, Gundelfingen und Lauingen, Dillingen und Donauwörth. In Günzburg fasziniert die geschlossene Oberstadt, in Lauingen der fünfundfünfzig Meter hohe Schimmelturm, in Dillingen das Bischöfliche Barockschloß und in Donauwörth, der alten Reichsstadt, das Rathaus und die wiederaufgebaute Reichsstraße.
Beim Fahren am Donau-Moos und Donau-Ried entlang beeindruckt mich am stärksten die ungewohnte Weite. Im zartgrauen Dunst markieren, Scherenschnitten gleich, Kirchtürme den Horizont. Von Turm zu Turm weitergereicht, fühlt sich der Reisende auf der oft linealgeraden Landstraße zurückversetzt in eine Zeit, als Reisen noch ein Wagnis bedeutete, als der Kirchturm voraus die Nähe der nächsten Stadt ankündigte. Die klobigen Kühltürme des Kernkraftwerkes bei Gundelfingen rufen mich in die Gegenwart zurück.

Vorausgegangene Seiten:
Blick vom Münsterturm auf Ulm und Neu-Ulm im Osten
Ulmer Promenade am Ufer vor der Stadtmauer
Links: Donauwörth am Zusammenfluß von Wörnitz und Donau
Rechts: Panorama von Donauwörth am Donauried

TANZHAUS RESTAURANT
TANZ

BC
C 244

Metz

Zwischen Weltenburg und Kelheim: Wandergruppen, Brautleute und ein Kinderwagen im Kriegertempel

kann, klopft ihm sein korpulenter Nachbar derart auf die Schulter, daß der Sheriff halb vom Stuhl und unter den Tisch rutscht. Der Tischnachbar hat den Spitznamen Lumumba. Er wirkt jedoch eher wie ein weißer Idi Amin, ein Mann, mit dem beim Streit sicher nicht gut Kirschen essen ist. Unversehens löst sich die Runde auf. Eifersucht ist der Grund. Einer der Stammtischbrüder hat wohl ein paar Worte zuviel mit der jungen Frau gewechselt. Der Eifersüchtige verläßt wortlos den Garten. Die junge Frau weint, weil sie Prügel erwartet.

Regensburg, Samstag, 14. Juni
Am Kloster Weltenburg beim Donaudurchbruch vor Kelheim scheint die Welt noch in Ordnung und so romantisch wie im vergangenen Jahrhundert. Auf den Wiesen am Fluß vor dem Dorf Stausacker hält eine Schar Gänse das Ufer besetzt. Drei Kinder liegen mitten auf der Uferstraße, spielen und sonnen sich. Kanufahrer gleiten lautlos donauabwärts. Nur die Busse der Klosterbesucher am gegenüberliegenden Ufer erinnern an die geschäftige Gegenwart.
Auf der Suche nach einer Telefonzelle werde ich in Stausacker zu einem Neubau gewiesen, der die öffentliche Sprechstelle des Ortes beherbergt. Die Tür des Hauses steht offen, der Blick geht auf die ebenfalls geöffnete Toilettentür und die breite Rückfront einer älteren Frau, die sich über ein Enkelkind beugt, dem sie gerade den Po abwischt. Eher belustigt als verlegen zeigt mir die Großmutter den Apparat. Ich rufe Regensburg an und erfahre vom Bayerischen Lloyd, daß ich noch am selben Abend an Bord der MGS „Bayern" gehen kann, die mich donauabwärts bis Linz samt einer Ladung Erz mitnehmen wird. Vorher reihe ich mich noch für ein paar Stunden unter die Besucher, die diesem Donauabschnitt mit dem Europa-Prädikat „besonders sehenswert" zuströmen.
Kloster Weltenburg, eine Gründung der Benediktiner im achten Jahrhundert, war von 1803 bis 1912 säkularisiert und ohne Ordensleben. Seit 1913 ist es wieder Abtei. Auf die seelsorgerische Tätigkeit machen mich knapp zwei Dutzend mit weißen Bändern geschmückte Autos aufmerksam. Das Brautpaar an der Spitze, so fährt die Kolonne zur Trauung ins Kloster. Donauromantik als Hochzeitshintergrund.
Acht Wandergruppen oder mehr begegnen mir bei meinem Gang um Weltenburg. Eine Jugendgruppe, die den Weg bis Stausacker gerade geschafft hat, wirft erschöpft von der Tour bei 34 Grad im Schatten Taschen und Kleider ins Gras. Wenige Minuten später spritzen und schwimmen die Schüler im seichten Donauwasser, das hier selbst in der Flußmitte nur einen guten Meter tief ist und recht trübe fließt.
Zufahrt und Zutritt zum Befreiungsdenkmal über der Stadt Kelheim kosten je Wagen und Person eine Mark. Viele Besucher bleiben im Garten der Gaststätte sitzen, anstatt die 177 Treppenstufen zur oberen Galerie des einem Rundtempel nachempfundenen Bauwerks hinaufzusteigen. In der Gedenkhalle stehen überlebensgroß schneeweiße Marmorengel im Kreis, halten sich an den Händen und bilden den eindrucksvollen Rahmen für die Erinnerung an die Befreiungsschlachten der Jahre 1812 bis 1814. Jedes Gemetzel ist auf einer Tafel mit Ort und Datum festgehalten. Beim Entschlüsseln der Zahlen haben jüngere Touristen mit den römischen Ziffern Schwierigkeiten. Auf dem unteren Rundgang sitzt eine Mutter an einen Engel gelehnt und tastet mit den Augen die Namenstafeln der Feldmarschälle und Heerführer ab, die Schlachten gegen Napoleon befehligten. Unter dem Engel steht der Kinderwagen mit dem friedlich schlafenden Säugling.

Vorausgegangene Seiten:
Die nach Kriegszerstörung wiederaufgebaute Reichsstraße in Donauwörth
Menschen im schwäbischen Donautal
Autobahnbrückenbau und Industrie bei Ingolstadt
Rechts: Monumente in Kelheim und die Walhalla bei Regensburg

LUDWIG I.
KOENIG
VON
BAYERN

Kästen mit Kräutern und Salat, Hühner gackern: Schon in Regensburg ankern Balkanfrachter

Regensburg. Zweitausend Jahre alt, ehemalige Reichsstadt, Stadt des permanenten Reichstags, Bischofsstadt, Domstadt mit den Regensburger Domspatzen, geschäftige Donau-Stadt. Hier gesellt sich der Regen zur Donau, hier endet, bis zur Fertigstellung des Rhein-Main-Donau-Kanals, die Großschiffahrt flußaufwärts. Schon heute rüstet sich Regensburg für den dann wachsenden Güterumschlag. Der Hafen wurde und wird vergrößert, Ladeanlagen werden modernisiert, ein neuer Erzterminal ist im Entstehen, Autobahnanschlüsse und Brücken werden bald fertig sein. Wenn die letzte Lücke im Kanal zwischen Nürnberg und dem Altmühltal geschlossen sein wird, erfüllt sich ein uralter Wunsch von neuem: Das Schwarze Meer wird mit der Nordsee durch eine Binnenwasserstraße verbunden sein. Schon Karl der Große hatte ja einen Kanal zwischen Main und Donau graben lassen. Doch die „Fossa Carolina" wurde 793 ein Opfer von starken Regenfällen, Teile der Dämme stürzten wieder ein. Das gewaltige Unternehmen wurde abgebrochen. König Ludwig von Bayern konnte den nach ihm benannten Kanal im neunzehnten Jahrhundert zwar einweihen, aber ein Erfolg sollte die zu schmale Wasserstraße nicht werden. Der Erlös aus Nebenrechten, wie zum Beispiel der Ernte staatlicher Äpfel am Ufer, übertraf manchenorts die Kanaleinnahmen. Nun hoffen die Bauträger des fast fertigen Europakanals Rhein-Main-Donau im dritten Anlauf mit Milliardenaufwand das Glück und Geschäft zu zwingen.

Auf der „Bayern", zwischen Regensburg und Passau, Sonntag, 15. Juni

Die „Bayern" im Regensburger Osthafen zu finden, erfordert Spürsinn. Schließlich entdecke ich das Motorgüterschiff hinter riesigen Silos versteckt; die Aufbauten ragen nur wenig über die Kaimauer hinaus. Davor, an der Mauer vertäut, liegt ein Schiff aus Bulgarien. Ich klettere schmale Stufen hinab über das Ladedeck des Bulgaren und finde den Durchgang von Holzlatten-Drahtverschlägen versperrt: bei meinem Auftauchen beginnen Hühner grell zu gackern. Bordverpflegung. Auf dem Dach des Ruderhauses stehen Kästen mit Kräutern und Salat. Mir wird bewußt, daß hier mit der Donauschiffahrt der Balkan beginnt.

Auf der „Bayern" begrüßt mich in hartem Deutsch, aber freundlich, der Erste Steuermann Bèla Farkas. Von vier Besatzungsmitgliedern kommen drei aus Ungarn und Jugoslawien, und der Deutsche stammt aus den Karpathen: Kapitän Peppi Fux, ein kleiner stämmiger Fünfziger mit flinken Bewegungen.
Bèla bringt mich mit Gepäck in eine Kabine, deren Tür das Schild „Zollbegleiter" ziert. Die Einrichtung ist die gleiche wie in den Mannschaftskajüten: Etagenbett, Schrank, drei Stühle, Waschbecken. Das Bett hat der Bootsmann mit blauweißer Wäsche frisch gerichtet. Hier werde ich es auf der Fahrt bis Linz und zurück gut aushalten können. Ich verstaue Kameras und Wäsche im Schrank, die mitgebrachten Lebensmittel in der Küche. „Für Verpflegung müssen Sie während der Fahrt selber aufkommen", hatte mir die Verwaltung des Bayerischen Lloyd mitgeteilt. Bèla und Bootsmann Lubo Stoikowic aus Jugoslawien lassen gerade den Rolladen der Küche herunter, stellen ein tragbares Fernsehgerät auf einen leeren Bierkasten auf den Tisch, rücken Stühle vor den Bildschirm. Attraktion des Abends ist

Vorausgegangene Seiten:
Kloster Weltenburg liegt in einer Schleife des Durchbruchs im Fränkischen Jura
Ländliches Idyll in Stausacker vor der Donauenge
Rechts: Ausflugsdampfer zwischen Weltenburg und Kelheim

Vor Linz, Dienstag, 17. Juni

Die MGS „Bayern“ gehört zu einer Serie neuer Donau-Schubschiffe, die Anfang der siebziger Jahre vom Bayerischen Lloyd in Regensburg und in ähnlicher Bauweise von der Wiener DDSG in Dienst gestellt wurden. Sie sollen die früheren Schleppverbände ersetzen. Bessere Manövrierfähigkeit und günstigere Schleuseneigenschaften sind nur zwei Vorteile dieser von achtern getriebenen und gesteuerten Verbände. Geringere Personalstärke bei gleicher Transportleistung spielt bei der Kalkulation eine noch größere Rolle.

Das Ruderhaus ist mit Radar, Funk, Echolot und der „Einmannbedienungsmöglichkeit“ ausgerüstet. So kann beispielsweise der Steuermann den Heckanker per Knopfdruck ins Wasser werfen; bei unvorhergesehenen Hindernissen auf der Talfahrt bleibt dies oft das letzte Mittel, eine durch starke Strömung beschleunigte Fahrt abzustoppen.

Am Kommandostand vermisse ich die bei der Seefahrt üblichen Streckenkarten. Kapitän Fux erklärt: „Die benutzen wir kaum, die sind schon überholt, wenn sie herauskommen!“ Die Fahrrinne der oberen Donau verändert sich streckenweise rasch. Informationen über Veränderungen teilen sich die Steuerleute oft über Funk mit: „He, Schorsch, beim Fünfunddreißiger mußt du dich ganz rechts halten, da hat einer die Tonne mitgenommen“. Das Echolot ist unentbehrlich auf engen, seichten, noch nicht regulierten Stücken. Vor Straubing lese ich weniger als einen Meter Wasser unter Kiel.

Die meist dreizehnhundert PS starken Schubschiffe mit einem Verbrauch von rund 200 Liter Dieseltreibstoff in der Stunde, können einen Leichter seitlich koppeln oder auch am Bug. Der Verband erreicht dann eine Länge von gut hundertfünfzig Metern und ist in den Donauwindungen zwischen Regensburg und Passau oft nur unter Ausnutzung der vollen Fahrrinnenbreite zu steuern. Die Wasserschubkräfte sind gelegentlich so stark, daß der Steuermann bei der Talfahrt metergenau navigieren muß. Vor Straubing bleibt für Begegnungen überhaupt kein Platz. Hier wird Einweg gefahren; zu bestimmten Zeiten tal-, zu anderen bergwärts. Als mich später Steuermann Bèla hinter Passau einige, hier viel breitere Donauschleifen unter seiner Obhut steuern läßt (immerhin habe ich einen Motorbootführerschein und gewisse nautische Kenntnisse), erlebe ich, wie exakt sich die „Bayern“ steuern läßt. Die Schiffslänge erfordert jedoch ein Angehen der Radien von weither. Jedes Übersteuern, jede hastige Korrektur bringt Unruhe in den Kurs, das Heck wandert dann leicht aus und gerät, falls der Uferabstand nicht reichlich bemessen ist, in gefährliche Nähe von Untiefen vor der Böschung.

Kapitän Peppi Fux, dreiundfünfzig Jahre alt und von jener stämmigen, kleinen Statur, wie sie im Osten häufig anzutreffen ist, nimmt mir das Ruder ab: Die kommenden Manöver erfordern einen erfahrenen Skipper. Über nautische Fragen kommen wir ins Gespräch. In der Tschechoslowakei geriet Fux bei Kriegsende als Achtzehnjähriger in russische Gefangenschaft. Drei Jahre Lagerleben bei Murmansk haben ihn zu einem schweigsamen, eher auf Taten als auf Worte gerichteten Mann reifen lassen. Schon 1949, ein Jahr nach seiner Entlassung, ging Fux mit der Donau eine Berufsehe ein. Vom Matrosen rackerte er sich zum Bootsmann hinauf. Später schaffte er den großen Sprung zum Steuermann, fuhr als Zweiter und später als Erster Steuermann; vor neun Jahren machte er sein Kapitänspatent. Die Disziplin auf Seeschiffen ist straff. Mir scheint der Ton auf der „Bayern“ anfangs eher familiär. Ich wollte schon auf einen antiautoritären Führungsstil schließen, als ich in Passau wider-

Regensburg mit Dom und Steinerner Brücke, die, 1136 erbaut, im Mittelalter als Bauwunder galt

THERE

Beim Passauer Zoll kaufen die Bootsleute Brathähnchen. Aber der Kapitän sagt: Auf geht's

spruchslosen Gehorsam beobachte: Kapitän Fux erledigt die Zollformalitäten, seine Mannschaft springt kurz an Land, um sich beim nahegelegenen „Wiener Wald" Hähnchen zum Abendbrot zu holen. Wir sitzen gerade über unser Essen gebeugt, das Bier frisch, die Hähnchen warm, als der Kapitän mit seinem festen, raschen Schritt die Gangway zurückkommt, den Kopf nur halb zur Kombüsentür hereinsteckt und wie beiläufig sagt: „Auf geht's! Fahr' ma!" Ehe ich recht begreife, sind Bootsmann und Maschinist draußen, der Diesel läuft, die Trossen werden eingeholt und wir fahren wieder, um die nächste Schleuse noch bei Tageslicht zu erreichen.
Dann übernimmt Peppi Fux das Steuer. An diesen Juniabenden wird es nur langsam Nacht. Er bleibt allein auf seinem Holzpodest, das er sich hinter die Ruderbank schiebt, um vom höheren Standpunkt Überblick zu haben. Vom Achterdeck erkenne ich ihn durch die Scheiben des Aufbaus. Er steht, die Beine einen knappen Meter auseinandergespreizt, am Steuer, wirft einen Blick zur Seite auf die Anzeige des Echolots, meldet über Funk seine Position: „Die Bayern bei 2195 talwärts". Der abgegriffene Vergleich „steht fest wie eine deutsche Eiche" geht mir durch den Kopf, bevor ich in meine Kabine nach unten klettere.

Auf der „Bayern", Mittwoch, 18. Juni
Bei Sonnenaufgang des zweiten Tages erreichen wir Schleuse und Kraftwerk Wilhering-Ottensheim. Die Einfahrtssignale zeigen grün. Über Funk hatte sich die „Bayern" angemeldet. Die Schleusenaufenthalte nehmen kaum mehr als zwanzig Minuten in Anspruch.

Bald zeigt reger Autoverkehr auf den Uferstraßen die Nähe der oberösterreichischen Landeshauptstadt Linz an. Linz hat durch das VOEST-ALPINE Werk, das in den dreißiger Jahren von den Hermann-Göring-Werken geplant und begonnen wurden, einen starken industriellen Aufschwung erfahren. Ziel unserer Fahrt ist der Werkshafen der VOEST-ALPINE südlich der Stadt.
Er erreichte im vergangenen Jahr den größten Güterumschlag aller österreichischen Donauhäfen. Im Verkehrsverbundvertrag zwischen Bundesbahn, Bayerischem Lloyd und der Ersten Donaudampfschiffahrtsgesellschaft werden via Regensburg Erze aus Skandinavien und Übersee für die Stahlwerke bis auf die Werkskais transportiert. Dieser Transportweg bewährt sich als terminsicher im Gegensatz zu den durch verstopfte Umschlagplätze im Donaudelta langsameren Häfen am Schwarzen Meer.
Ein guter Teil der Vöest-Halbfertigungsteile wie Bleche, Moniereisen oder Profile wandert auf den Donauschiffen zurück nach Regensburg und per Bahn weiter zum Kunden. In wenigen Jahren sollen die Ladungen direkt bis zu den Lagern am Main, Rhein oder Mittellandkanal verschifft werden, dann, wenn der Rhein-Main-Donau-Kanal fertiggestellt sein wird.

Vorausgegangene Seiten:
Die Flußlandschaft vor Straubing wird sich bald ändern: Schwere Baumaschinen baggern ein neues begradigtes Flußbett für die Schiffahrt
Straubing, Marktplatz mit dem Stadtturm aus dem 14. Jahrhundert
Rechts: Die „Bayern" auf der Fahrt von Regensburg zu Tal

Das Büro des Herrn Eipeldauer gleicht einem Gefechtsstand: Bei der österreichischen Erzverladung in Linz herrscht militärische Präzision

Melk, Donnerstag, 19. Juni
Die Landschaft östlich von Linz wird geprägt von großen Industrieanlagen wie der Chemie Linz und eben vor allem den gewaltigen Stahlwerken. Um den Werkshafen der VOEST-ALPINE raucht es und stampft. Schornsteine qualmen, gigantische Maschinen und Kräne ächzen. Frachtschiffe werden von Schleppern an die Kais bugsiert. Hier herrscht in drei Schichten rund um die Uhr Betriebsamkeit.
Backbords der „Bayern" türmen sich anthrazitgrau bis karminrot gewaltige Erzberge auf. Ohne Sonne liegt das Erz stumpf und nuancenlos wie Erde vor den Werkshallen. Licht weckt das Material, es blinkt und funkelt, als wolle es seine künftige Form unter Beweis stellen.
Mit preußischer Präzision läuft die Entladeprozedur ab. Die Frachtschiffe fahren nach Zeitplan. Bei dem Werk werden Entladekais, Kräne, Lagerplätze und wenn möglich auch schon die Rückladung disponiert. Die „Bayern" macht gerade am Wartekai vor der Hafeneinfahrt fest, Kapitän Fux gibt über Funk seine letzte Positionsmeldung durch, da taucht auch schon der Schlepper auf. Also wieder Leinen los, die Schlepptrossen über den Schiffspoller werfen, kurzes Abstimmen über Funk, fünf Minuten später liegen wir am Entladeplatz. Koordinator ist Kapitän Karl Eipeldauer, ein Mann der Praxis, der selber fünfundzwanzig Jahre auf der Donau fuhr und sich vom Matrosen zum Kapitän empordiente. In der Baracke, die als Büro dient, treffen Männer und Meldungen in rascher Folge, wie auf einem Gefechtsstand, ein. Der Lautsprecher der Bordfunkfrequenz gibt knappe Meldungen durch. Bootsleute, Schauerleute, ein Kapitän und ein Steuermann geben sich die Klinke in die Hand. Trotz der Eile treten sich die Hereinkommenden die Schuhe penibel auf Abstreifern und nassen Wischlappen ab. Kohle- und Erzstaub würden sonst das Büro rasch in Dreck versinken lassen.
Kapitän Eipeldauer betreut nicht nur die Schiffe der österreichischen Ersten Donaudampfschiffahrtsgesellschaft, sondern auch die meisten ausländischen Reeder. In Zusammenarbeit mit der Hafenverwaltung werden die Termine ausgeklügelt. Auch die „Bayern" erhält Anweisungen für das Entladen und für 800 Tonnen Rückladung, die für den kommenden Morgen eingeplant sind.
Der Liegetag bietet mir die Gelegenheit, dem Staub und Lärm des Industriehafens zu entkommen. Der Tag reicht gerade aus, um mit dem Postdampfer nach Melk zu fahren und mit der Bahn zurückzukehren.
Der Raddampfer „Stadt Wien" ist ein klassisches Ausflugsschiff. Anfangs komme ich mir reichlich deplaziert vor in dieser nach Weinseligkeit und Schunkelliedern riechenden Umgebung. In den zwanzig Fahrstunden von Regensburg nach Linz habe ich mich an die knappe, ein wenig unterkühlte Art der Bootsleute von der „Bayern" gewöhnt. Eine Männerwelt, in der nicht unnötig geredet wird, in der Arbeit, Fahrzeiten, Schleusen- und Zollabfertigung zählen.
Auf dem Sonnendeck der „Stadt Wien" ergattere ich mir einen Klappstuhl und muß darauf sehen, daß ich meine Position zwischen „Red's kan Schmarrn"-Wienern, bedächtigen älteren Kabinenpassagieren und mit Rucksäcken reisenden Neuseeländern behaupten kann. Verbotsschilder reglementieren die Bewegungsfreiheit. Fotostandpunkte muß ich mit drängelnden Ferienreisenden teilen.

Erzfracht nach Linz: Die „Bayern" im Regensburger Hafen, vor einer der neuen Schleusen, beim Belegen in der Schleusenkammer. Die Bayernmannschaft mit Kapitän Fux, Steuermann Farkas, Maschinist Nagy und Bootsmann Stoykovic

BL. SL.

Ulm/Donau
Rg 1756

ГЕЛЕНДЖИК
СДП-1243-SDP

Die Landschaft entschädigt schließlich für die Unbill, der ein Individualist auf einem Ausflugsdampfer ausgesetzt ist. Nachdem auch die letzten Werks- und Lagerhallen verschwunden sind, weitet sich das Donaubett, zumindest wirkt es so; Weiden, Erlen, Gehölze und Bäume bilden nun weiche Konturen an den Uferböschungen. Bilder, wie hingetupft, die an die mittlere Loire erinnern. Es ist wohl der höhere Wasserstand vor den Staustufen, der die Uferkonturen schmaler und weniger hart erscheinen läßt. Ich habe noch so sehr die junge, kräftige, in Tälern eingeengte Donau im Gedächtnis, daß mir hier, nur rund hundert Stromkilometer talwärts von Passau, der Fluß fast wie ein See vorkommt.
Bei Mauthausen, mit dessen Namen noch immer die KZ-Greuel verbunden sind, wird die Landschaft hügeliger. Die Donau bahnt sich auf den kommenden dreißig Kilometern einen Weg durch die Berge. Bei Grein hat sie sich vom Strom der Ebene wieder in einen Bergfluß verwandelt.
Eine der Neuseeländerinnen, etwa dreißigjährig, ist mit Tagebuchaufzeichnungen beschäftigt. Ich bewundere ihre Fähigkeit, an sehenswerten Orten kurz aufzuspringen, eine Burg oder Kirche abzulichten, um dann, ohne weiter um sich zu schauen, wieder das kaum Gesehene zu beschreiben.

Zum dritten Mal läßt sie ihren Kugelschreiber unter die Sitzbank rollen. Sie bietet beim Bücken und Suchen einen nicht reizlosen Anblick. Ein kurzes Gespräch bahnt sich an, als sie einen Pappbecher mit Bier umschüttet, ihre Ledertasche mit dem Taschentuch abtrocknet und wir gemeinsam feststellen, daß meine zwanzig Jahre alte ausgeblichene Schirmmütze keine weiteren Flecke abbekommen hat. Die Schreiberin berichtet vom Europa-Trip, den sie zu dritt unternehmen. Diese Schiffspartie hat natürlich den besonderen Reiz, daß der Besucher in beschaulichem Tempo, durch eine eindrucksvolle Kulisse gezogen wird. Dörfer, Weiler und kleine Städte säumen den Fluß, der nun fast Fjordcharakter annimmt. Die Häuser bieten ihre Schmuckseiten der Donau dar. Ja, die Orte scheinen sich dem Fluß zuzuwenden, der die Lebensader ist. Ganz anders die meisten schwäbischen Städte, die um Markt, Hauptstraße oder Kirche als Zentrum orientiert sind. Hier in Oberösterreich hat die Nutzung des Flusses die Donau auch städtebaulich zum Mittelpunkt werden lassen.
Nach dem romantischen, bergigen Strudengau zwischen Grein und Ybbs folgt dann bis Melk der Nibelungengau. Burg Weitenegg erlebte eine ebenso bewegte Vergangenheit wie Persenbeug, Freyenstein oder die im Nibelungenlied genannte Burg Werfenstein. Von dieser soll Rüdiger von Bechelaren die Burgtochter Helge von Werfenstein für König Etzel geraubt haben.
Stift Melk am Endpunkt meiner dritten Reiseetappe erhebt sich symbolhaft als erstes Wahrzeichen der Wachau, jener Wein- und Gartenlandschaft, deren Namensnennung fast jeden Österreicher verklärt lächeln läßt. „Wachau" scheint eine Zauberformel zu sein, ähnlich wie in Deutschland Rheingau und Rüdesheim.
In Wunschrevieren haben es jedoch Fotografen wie Schreiber schwer. Allzuoft wurde beispielsweise Stift Melk über dem Donauarm vom Morgengrauen bis zur Abendröte in allen Formaten abgelichtet, um Kalendern, Büchern, Postkarten zu einem Aha-Erlebnis zu verhelfen. Ich komme mir vor wie ein Jäger, der vor der Alpspitze über Garmisch auf eine ausgestopfte Gemse schießt. Aber ich habe Glück. Am frühen Nachmittag treffe ich in Melk ein. Wolken ziehen über das Stift, das ab und an wie von Bühnenscheinwerfern beleuchtet wird. Über der Wachau braut sich ein Gewitter

Vorausgegangene Seiten:
Eine nachgebaute „Ulmer Schachtel" in Passau.
Das Dreiflüsse-Eck mit Inn und Ilz vor Passau.
Fahrt auf dem Strom zwischen Passau und Linz
Links: Die deutsche Zollabfertigungsstelle für den Schiffsverkehr in Passau
Oben: Eingangsgebäude zum Stift Melk

Wolken ziehen über Stift Melk, ich warte auf Sonne und auf die Mädchen

zusammen. Ein starker Westwind kräuselt die Donau. Nach dem Spaziergang durch den Auwald entdecke ich unterhalb der Klappbrücke am Fuß der Stadt einen Steg mit Sportbooten. Das mit Verbotsschildern gespickte Tor zur Anlegestelle steht offen. Ich setze mich so tief wie möglich ins Gras, warte Sonne ab und belichte mit einem Weitwinkelobjektiv. Voilà! Mein Verleger soll Stift Melk nicht missen müssen.
Im kleinen Städtchen hält nun zwar kein Schnellzug nach Linz. Aufweg und Stiftseingang sind von Reisegruppen belagert. Trotz Touristenrummel läßt Melk beim Pflichtrundgang Charme erkennen. Vor einem der Gartencafés in der Stadtmitte genieße ich den Ausblick auf liebevoll restaurierte Fassaden, auf Einheimische wie Fremde und bin durch Kaffee mit Schlag, Apfelstrudel und vorbeiziehende hübsche Mädchen versöhnt. Nun finde ich die Wachau doch recht erfreulich.

Vorausgegangene Seiten:
Zwischen Passau und Linz gewinnen die Kraftwerke Jochenstein, Aschach und Wilhering-Ottensheim Energie aus dem Strom. Mit 16 Meter Hubhöhe ist die Schleuse von Aschach die höchste der Donau
Rechts: An der Schiffsanlegestelle in Linz hat die Stadt moderne Plastiken aufgestellt. Im Hintergrund der Pöstlingberg

Die Wachau, Paradiesgarten zwischen Melk und Krems: Im Sommer kommen die Schiffer auf der Fähre kaum zum Verschnaufen

Arnsdorf in der Wachau, Mittwoch, 22. Oktober

Wachau, die vielgerühmte, wo sich die Donau knapp vierzig Kilometer zwischen sanften Kuppen schlängelt, deren sonnige Hänge akkurate Weinparzellen schmücken, habe ich mir für den Herbst aufgespart. Im goldenen Oktober soll es um Dürnstein, Spitz und Krems besonders schön sein. Beim Wiedersehen mit der Donau klingen ähnlich sentimental gestimmte Saiten an wie beim Zusammentreffen mit einer früheren Geliebten. Bei Passau spähe ich von der Autobahnbrücke über die Leitplanken, um mir die Fahrt unter der Brücke auf dem Erzfrachter zu vergegenwärtigen. Bei Linz wecken die Hochöfen der VOEST-ALPINE Erinnerungen an den Werkshafen, das Löschen und Laden an den staubüberzogenen Kais. Als Stift Melk im Herbstdunst über Stadt und Donau auftaucht, bin ich am Endpunkt meiner Sommeretappe angelangt. Die Plakate, die zur Franz-Joseph-Ausstellung oben auf der Klosterburg weisen, sind von Sonne und Regen inzwischen ausgebleicht. Bald wird auch hier in Melk der Winter und mit ihm Stille einkehren.

Die rechte Uferstraße folgt schmal und eng dem südlichen Flußufer, doch schon arbeiten Bagger und Planier-

NR
10047

EM 66
64

raupen am Ausbau, um auch hier einen zügigen Verkehrsfluß zu garantieren, wie es in der Amtssprache heißt. Unter den Obstbäumen am Camping-Platz von Schönbühel parkt ein halbes Dutzend Wohnwagen vor dem herbstlichen Fluß. Eine dralle Person unter geblümtem Kopftuch und die vielleicht achtjährige Tochter klauben Äpfel auf. Gelbe Warntafeln, die das Betreten des Bootsanlegers Unbefugten verbieten, haben an dem verwaisten Ufer ihren Sinn verloren.
Burg Schönbühel, schon seit dem neunten Jahrhundert als Besitz der Passauer Bischöfe aktenkundig, steht mit seiner glatten, hellen Front am Eingang zur Wachau. Im Mittelalter war die von den Starkenbergern aus bischöflichen Besitz erworbene Burg ein idealer Kontrollposten vor der Engstelle des Flusses.
In der nahegelegenen Kirche des Servitenklosters, einem schmalen Trakt mit barockisiertem Altar und Passionstafeln rundum an den weißen Wänden, steht die Luft. Auch die Zeit scheint jetzt stillzustehen. Ein Luftzug wird durch die Beschließerin verursacht, die nach dem Rechten sehen will und über den Boden in Pantoffeln schlurft. Sie schlurft, um auf sich aufmerksam zu machen, geht es mir durch den Kopf. „Wollen Sie auch hier drinnen fotografieren?" Sie ist erleichtert, als ich verneine.

In den Ortschaften, die sich zwischen Donau und Weinbergen, am Ufer niedergelassen haben, herrscht abendliches, geschäftiges Treiben. Müller-Thurgau- und Blautrauben werden in nur knapp beleuchteten Räumen gepreßt. Fuhrwerke und Bottiche, Gerüche und Geräusche in Mitterarnsdorf erinnern, daß Weinbau, Lese und Kelterung immer noch ein von Familien betriebenes Handwerk sind, auch wenn die Winzergenossenschaften sich von Jahr zu Jahr einen größeren Marktanteil erkaufen. Hier, in den Gemeinden, die dem bekannten Spitz, nur von der Donau getrennt, gegenüberliegen, markiert die Weinlese den Höhepunkt des von Reben und Wein bestimmten Jahres.

Spitz, Donnerstag, 23. Oktober
Spitz, einst Mittelpunkt und Namensträger der Winzer- und Donauregion Wachau, ist von Arnsdorf mit der Rollfähre erreichbar, einer jener Fähren, die am Drahtseil quer gegen den Strom zum anderen Ufer gedrückt werden. Die Fährleute pendeln nach Bedarf. „Die Hauptreisezeit ist vorbei", sagt der Kassierer. „Im Sommer kommen wir kaum zum Verschnaufen". Jetzt, Ende Oktober, verzögern sie die Abfahrt, um mir noch ein paar Aufnahmen von Spitz, das aus dem Morgennebel auftaucht, möglich zu machen. Gemächlich, nur vom Glucksen des sich teilenden Donauwassers begleitet, treiben wir zum nördlichen Ufer. Der Spitzer Kirchturm und die ihm umkränzenden Weinberge gewinnen immer kräftigere Kontur.
Im Schiffahrtsmuseum zu Spitz hat der donaubegeisterte Sammler Otto Meissinger zu Lebzeiten Darstellungen und Überbleibsel der „alten Zeit" geordnet. Hobby-Bastler haben ihm in Hunderten von Freizeitstunden Modelle früherer Lastschiffe rekonstruiert; Modelle, bei denen selbst die Seile dem Maßstab entsprechend aus Fäden gedreht worden sind, nicht, daß man sich etwa mit käuflichen Bindfäden begnügt hätte. Viele der Ausstellungsstücke, wie Rundhobel oder Anlegstangen, sind den im technischen Zeitalter aufgewachsenen jüngeren Besuchern so fremd wie die Dinge des Mittelalters.
Wenn im ersten Stock des Museums mit Schautafeln und Modellen das Treideln stromauf veranschaulicht wird, sind selbst abgebrühte Weltenbummler überrascht: sechzig bis achtzig Pferde wurden für einen Verband zu Berg eingesetzt. Das Kreuzen der Donau, das in der Wachau aus Gründen der besseren Fahrwasserverhältnisse zweimal nötig war, erforderte bei

Im Werkshafen der Voest-Alpine in Linz können die Erzfrachter am gleichen Kai die Fracht auf die Halden vor dem Stahlwerk löschen und neue Ladung von Waggons in die Laderäume übernehmen

1204
10010
10061

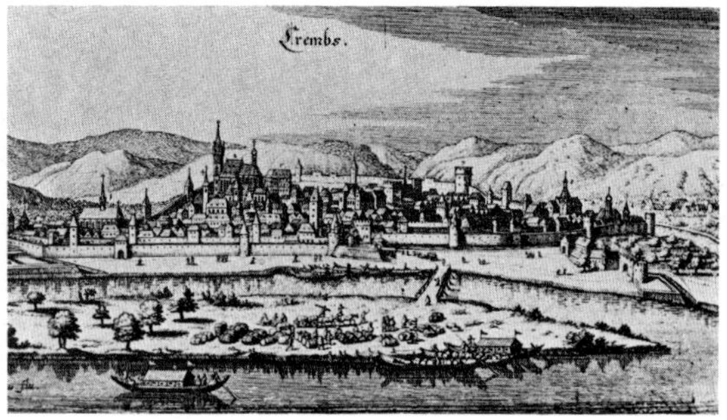

großen Verbänden jeweils fast einen ganzen Tag.
In der Spitzer Hauptstraße Nummer 16 wohnt die Witwe des Museumsgründers Meissinger. Wie ein Vermächtnis hütet sie die Sammlung ihres Mannes. ,,Wenn es der Donau dient'', meint sie, ,,dann fotografieren Sie alles, was Sie brauchen!''
In der Wachau ist ein gesunder Lokalpatriotismus zu Hause. Die Gastwirte, Händler, Winzer und Fährleute, mit denen ich spreche, sind stolz auf ihr geschütztes Tal. Die Donau hat hier stets die beherrschende Rolle gespielt. Der begehrte Wein wanderte flußaufwärts. Holz kam auf Zillen aus dem Allgäu zu Schiffsbauern in der Wachau, deren Handwerkskunst über die Grenzen bekannt wurde. Heute nimmt das Fremdenverkehrsgewerbe eine führende Stellung ein. Alte Häuser, oft noch mit dem typischen Wasserkrahn im Flur, zeigen neuen Putz und schmucke Fassaden. Wirtschaften, Jausenstationen und durch aufgehängte Kränze mit Lampen kenntlich gemachte Heurigen-Ausschankstätten säumen die Straßen.
Zwei Frauen im besten Alter putzen Eingang und Flur des Pfarrhauses, das gleich neben der trutzigen Kirche steht. Meine Frage, ob ich denn zum Fotografieren den Spitzer Kirchturm besteigen könne, macht die beiden anfangs ratlos. Der Pfarrer gebe gerade in der Schule Unterricht, dann werde er sein Mittagsmahl in der Wirtschaft am Kirchplatz einnehmen. Im Gespräch erfahre ich vom großen Dilemma vieler katholischer Pfarreien: Von Jahr zu Jahr wird es schwieriger, eine gestandene Haushälterin zu bekommen. Der Lohn ist gering. Ledige bleiben nur noch selten allein. Die früher üblichen großzügigen Spenden für den Pfarrhaushalt entfallen immer häufiger. Krankheiten, die man einst daheim auskurierte, behandeln heute Ärzte in den Spitälern. Auch deshalb verringert sich der Kontakt des Seelsorgers mit den Familien seiner Gemeinde.
Eine der beiden im Pfarrhaus Tätigen ist des Mesners Frau namens Lechner. Sie vereint Tatkraft, Sinn fürs Praktische mit Einfallsreichtum. Frau Lechner bestimmt kurzerhand, daß ich als erstes auf den Tausendundeimerberg über Spitz wandern soll, um einen Überblick über Weinberge, Stadt und Donau zu gewinnen. Bis zum Mittagsläuten wolle sie den Kirchturmschlüssel auftreiben, so daß ich auch noch den Ortsüberblick fotografieren könne.
Bei meiner Rückkehr hat der zwölfjährige Sohn der Lechnerin, er ist einer der Ministranten der Gemeinde, den Schlüssel aus dem Versteck beim Altar geholt. Mutter und Sohn steigen mit die verkrustete Stiege hinauf, entschuldigen die Kotbatzen der Tauben, gegen die man noch keine Abhilfe gefunden hat. Die Mutter zeigt sich in der Vergangenheit der Stadt bewandert. Seit dem dreizehnten Jahrhundert war Spitz, das Herzstück der Wachau, eine bayerische Enklave in Niederösterreich, mit eigener Steuer, Maut und Marktrecht. Die Bayern liebten den Wein von den Donauhängen. Erst im Jahr 1504 konnten die österreichischen Fürsten die Wachau an sich bringen.
In der Mittagspause treffe ich am Rande eines Weinbergs vier Frauen und einen Schuljungen, die an einer Gerätehütte vespern. Ihre Backen sind von der frischen Luft und vom Essen gerötet. Mit ihren Kopftüchern, weiten Röcken und Schürzen geben sie ein zeitloses Bild. Auf meinen Gruß erhebt sich die Älteste, nimmt eine Dolde vom Fuder und sagt: ,,Probieren Sie! Die Trauben sind süßer, als man nach dem verregneten Sommer glauben möchte.'' Auf Dank und Fragen erfahre ich, daß diese Bäuerinnen die Trauben lesen und zu den Sammelstellen der Winzergenossenschaft fahren. Die zeitraubende Hauskelter lohne sich nur für wenige Winzer, die den Wein noch selbst vermarkten.

Vorausgegangene Seiten:
Industrielandschaft südlich von Linz
Im Strudengau an der Grenze von Ober- zu Niederösterreich
Rechts: Begegnung auf dem Treidelpfad in der Wachau

Bei der Weinlese
in Spitz:
Die Trauben
sind süßer, als
man nach
diesem Sommer
glauben möchte.
Die Witwe
Meissner sagt:
Fotografieren Sie
alles, wenn
es der Donau
nützt

Am Abend in Dürnstein: Der Lärm der Zecher beim Heurigen und die Wirkung des frischgepreßten Sturm

Wien, Freitag, 24. Oktober
Vor Krems beleben sich Straße und Fluß. Vollbesetzte Busse mit Wein- wie Donaufreunden streben nach Dürnstein, einer jener Perlen der Wachau, die kein Tourist missen möchte. Donauabwärts schwimmt ein DDSG-Schiff, das im Herbst nur noch zwischen Krems und Melk pendelt; die Saison endet am kommenden Sonntag.
Im DDSG-Führer für Donaureisende ist Dürnstein eine volle Seite gewidmet. Unter anderem heißt es hier: „Kurz nach 1000 übergibt Heinrich II. Dürnstein dem Kloster Tegernsee. Die um 1200 errichtete erste Pfarrkirche war deshalb der Gattin Kaiser Heinrichs II., der heiligen Kunigunde geweiht. Um 1150 legt Albero III. von Kuenring die Burg an. 1193 dient sie als Gefängnis für den von Herzog Leopold V. gefangengenommenen König Richard Löwenherz von England. Nach längerer Fehde erlischt Ende des 13. Jahrhunderts die Herrschaft der Dürnsteiner Linie, der Kuenringer. Die Habsburger erwerben nun die Herrschaft Dürnstein und lassen den Ort von Pflegern verwalten oder benützen ihn als Pfand. 1428 und 1432 wird Dürnstein von den Hussiten geplündert. 1458 von kaiserlichen Truppen belagert, da der Pfandinhaber Stephan von Eitzing sich gegen den Landesfürsten erhoben hatte. 1477 und 1485 verheeren die Ungarn die Stadt, die teilweise niederbrennt. 1491 wird Dürnstein das Stadtrecht bestätigt. 1645 besetzen die Schweden den Ort, bauen die Burg als Stützpunkt aus, sprengen sie aber bei ihrem Abzug 1646 und verwandeln sie damit in eine Ruine, die nicht wieder aufgebaut wird. 1805 kommt es bei Dürnstein zu heftigen Gefechten mit den Franzosen."
Mit der ungenierten Munterkeit, mit der Reisegruppen in Rüdesheim am Rhein, in Heidelberg am Neckar und eben auch in Dürnstein an der Donau einfallen, okkupieren die Fremden die kleine Stadt. Sie lärmen durch Gassen und enge Stiegen hinauf zur Ruine. Später schunkeln sie in Gaststuben oder Gärten beim Heurigen. Nach Beginn der Lese schenken Wirte und Winzer auch „Sturm" aus, jenen täglich frisch gepreßten, milchigtrüben Rauscher, der in der Pfalz „Federweißer" genannt wird, und der schon bei vielen allzu emsigen Zechern später im Darm einen Sturm entfacht hat.
Donauabwärts setzt die Handels- und Weinstadt Krems den Schlußpunkt. Sie ist das Pendant zu Melk, das mit seinem mächtigen Kloster den Eingang zum österreichischen Donaudurchbruch bewacht. Doch Krems scheint stets merkantiler eingestellt gewesen zu sein. Aus der Steinzeit vor rund dreißigtausend Jahren haben Archäologen Keramik und Gerätschaften gefunden. Viertausend Jahre vor Christus siedelte hier ein Bauernvolk und hinterließ ebenfalls bedeutende Töpferwaren. Um 1136 wird Krems bereits als Stadt genannt, deren Bedeutung in der Mitte des zwölften Jahrhunderts die von Wien bei weitem übertrifft.
Beim Donauhandel spielten Krems und Stein, die sich schon früher zu einer Kommune zusammenschließen, eine gewichtige Rolle. Böhmische Ware wird hier gelagert und auf Schiffe verladen. Weinbau und Weinhandel bilden neben dem Salzhandel die Fundamente des Kremser Reichtums. Diesen Wohlstand vernichten während der Gegenreformation und des Dreißigjährigen Krieges kaiserliche wie schwedische Truppen. Die Stadt erreicht nie wieder ihre einstige Bedeutung, wenn auch Tourismus und neue Gewerbebetriebe zum Aufschwung der Region besonders seit 1950 beigetragen haben.

Vorausgegangene Seiten:
Burgruine Werfenstein deren Ursprung bis in das 13. Jahrhundert zurückreicht. Die Burg wird auch im Nibelungenlied erwähnt
Stift Melk, eine Klostergründung des 9. Jahrhunderts. Zu den Sehenswürdigkeiten gehört die gewaltige Bibliothek mit mehr als achtzigtausend Bänden und achtzehnhundert Handschriften
Rechts: Burg Schönbühel steht wie ein Posten vor der Wachau

Auf den Stadtplänen steht: „Reichsbrücke im Bau“ und daneben deutet die gestrichelte Donauüberquerung eine Behelfsbrücke an. Ich frage den Mann aus Belgrad, was denn an dem Gerede über den Einsturz der im Dritten Reich geschlagenen Reichsbrücke wahr sei. „Ich kann nur sagen, was ich höre, weiß aber nicht, was wahr ist“, antwortet er in hartem, aber fließendem Deutsch. „Alle sind hier erstaunt über den Einsturz. Es gab kein Knarren. Sprünge und Risse sind dem Einsturz nicht vorausgegangen. Plötzlich frühmorgens vor fünf, brach die Brücke auseinander. Danach ging alles sehr schnell. Firmen waren sofort zur Hand, um eine neue Brücke zu beginnen, ein Millionen-Objekt. Viele Leute reden davon, daß beim Einsturz Geburtshilfe geleistet worden ist.“ Ein prominenter Wiener, den ich später nach den Gerüchten zum Einsturz befrage, antwortet ärgerlich: „Gehn's, das ist doch ein Schmarrn!“ Doch das Gerücht hängt über der fast fertigen Brücke. Eine Bestätigung erhalte ich verständlicherweise nicht. Auf der Baustelle, zwischen Eisenbahnbrücke und Neubau, liegt ein Barackenlager, einer kleinen Goldgräbersiedlung ähnlich. Bauleitung, Firmenbüros, Lager und Unterkünfte stehen auf kiesigem Grund. Später soll hier einmal die „neue Donau“ fließen, ein Seitenkanal. Die neue Brücke, die einen Teil des Verkehrs zu den östlichen Stadtteilen, zu den Bürotürmen der Vereinten Nationen und ins Weinviertel aufnehmen soll, steht vor der Vollendung: Monteure schrauben Balustraden und Leitplanken fest. Der Sichtbeton ist von frischer, matter Glätte, fast möchte man über seine Oberfläche streichen.

Wien, Sonntag, 26. Oktober

Wien nach ein paar Tagen Aufenthalt porträtieren zu wollen, wäre vermessen. Sind es doch nur Erlebnissplitter, die der Tourist und Donauwanderer aus der großen Stadt mitnimmt, die er zu seinem persönlichen Bild zusammenzusetzen sucht. Der Kontrast zu deutschen Großstädten ist jedoch augenfällig. In den Außenbezirken dominieren die grauen, mit strengen Fensterummauerungen an Baukastenblöcke erinnernden Straßenzüge. Gelegentlich zeigt sich Mut bei der Renovierung in der Verwendung von frischen, leuchtenden Farben. Nur selten sprengen Neubauten das an K.u.K-Zeiten und Gründerjahre gemahnende Ensemble. Nur die Reihen parkender Autos unterscheiden diese Viertel von Vorstädten in Leipzig oder Dresden. Doch der nostalgische Hauch, der uns immer wieder anweht, ist derselbe.

Im Stadtherzen, im Ersten Bezirk, jene faszinierende Mischung aus Sehenswertem und Erlebenswertem: Hofburg, Reitschule, die Aufführung im Burgtheater, der Einkaufsbummel über die Kärntnerstraße, der Blick vom Turm des Stephansdoms, das Kunsthistorische Museum. Daneben der „Schwarze“ oder der „Melange“ im Kaffeehaus, gemütliche Gaststuben in alten oder auf historische Atmosphäre hergerichteten Restaurants.

Für den Schiffsreisenden erübrigt sich gottlob die Sorge um ein Quartier. Wer auf eigene Faust und vielleicht auch noch unangemeldet ankommt, kann mühevolle Zimmersuche erleben. In einem ehemals gutbürgerlichen Hotel schrecken abgewetzte Plüschsessel und blinde Spiegel. Der Abend-Empfangschef zeigt die aufrechte Haltung eines altösterreichischen Grafen, zumindest eines Menschen, der Umgang mit den Noblen der alten Zeit pflegte. „Haben Sie einen Wagen dabei?“ fragt er mich, als er mein Zögern spürt, das letzte schmale Zimmer zum Hinterhof zu nehmen. Als ich bejahe, meint er: „Dann können Sie von Glück sagen und im Auto schlafen!“ Da erscheint mir das warme Zimmer mit noch nicht einmal durchgelegenen Matratzen denn doch fast paradiesisch. Der Hinterhof erweist sich als ruhig. Kein Verkehrslärm belästigt den Schlaf. Außer den wenigen

Blick vom Kirchturm auf Spitz und die Wachau

In Wien ist oft kein Bett mehr frei oder Eine Geburtstagsfeier in der Kuchelmeisterei

sündhaft teuren Hotels der Luxusklasse wartet das Wiener Beherbergungsgewerbe noch mit zahlreichen bürgerlichen Häusern auf, deren Charme sich gelegentlich aus lang vergangenen Zeiten speist. Mein Hotel im Dritten Bezirk ruht fest in jugoslawischer Hand. Geschäftsführer, Frühstücksbedienerinnen, Zimmermädchen und Nachtportier kommen alle aus Serbien oder Kroatien. Statt Mineralwasser steht in der Kühltheke nur süße Limonade, Stella-Bier und Sekt. Turbantragende Inder, blauschwarze Afrikaner sind neben vielen Jugoslawen und internationalen Reisegruppen die Gäste, eine exotische Mischung, Ja, in Wien beginnt der Balkan.

Wien, Montag, 27. Oktober
Einblick in die Geburtstagssitten einer gutbürgerlichen Wiener Familie gewinne ich vor der Weiterfahrt in der „Kuchlmeisterei". Das mit rustikalem Holz ausgestattete Restaurant liegt unweit meines Hotels im Dritten Bezirk. Es lädt den Hungrigen mit einem großen Salatbuffet gleich neben der Eingangstür zum Verweilen ein. Die in dezentem Schwarz-Weiß gekleidete Geschäftsführerin fragt nach meiner Reservierung, hebt die Augenbrauen, prüft mit einem Blick meine Aufmachung und findet einen Platz an einem kleinen, von einer Kerze beleuchteten Tisch.
Gegenüber sitzen an zusammengestellten, festlich mit Blumen geschmückten Tischen sechs Personen. Ein Mann mittleren Alters im grauen, scharf gebügelten Anzug überreicht gerade der Hauptperson, einem wohl zwanzigjährigen Mädchen mit erhitzten Wangen, einen gewaltigen Strauß Orchideen. Nur mit Mühe kann die Geschäftsführerin dafür eine Vase finden. Das Mädchen schlingt die Arme um den Hals des Mannes, küßt ihn lange, und daraufhin beginnt die Geburtstagsbescherung. Die Geschenke reichen von der kostbaren Brosche aus dem edlen Kästchen eines Juweliers bis zur wollenen Strumpfhose und Küchenschürze. Beim Auspacken der

Vorausgegangene Seiten:
Vesper bei der Weinlese in der Wachau
Dürnstein mit Burg und Weinbergen
Oben: Hainburg zwischen Donau und Braunsberg
Rechts: Auwälder bestimmen bei Wien die Landschaft

Am Nationalfeiertag schauen Ausflügler in Loden vom Braunsberg fröstelnd über die Grenze

Überraschungen stößt das Geburtstagskind laute und fröhliche Schreie aus, die die anderen Gäste jeweils vom Essen aufschauen und an der Freude teilhaben lassen.
Der Sonntag verspricht sonnig zu werden. Ein steifer Wind hat die Regenwolken zerteilt, rüttelt an Fensterläden, rupft die gelben Blätter von den Bäumen. Auf der Fahrt nach Osten ins Dreiländereck bei Preßburg sehe ich viele Wagen mit festlich Gekleideten: Österreich feiert seinen Nationalfeiertag. Die Autos sind auf dem Weg zur Grenze bei Hainburg. Wie sich herausstellt, wollen die Familien einen Blick über die Grenze werfen, auf die Donau, die hier den deutschsprachigen Raum verläßt, um fortan Dunaj, Duna, Dunav und Dunarea zu heißen. Bei Preßburg, das heute auf slowakisch Bratislava heißt, stoßen Österreich, die CSSR und Ungarn aneinander.
Vom Braunsberg oberhalb der alten Handelsstadt Hainburg kann ich bei eisigem Wind, der mir die Tränen in die Augen treibt, die Donau weit überblicken. Im Westen überspannt die neue Brücke den Fluß, verbindet das Marchfeld mit Hainburg und den südlichen Landesteilen. Die Stadt wurde, wie die meisten Siedlungen an der Donau, vielfach geschunden, bombardiert und gebrandschatzt. Eine schon 1723 gegründete Tabakfabrik sollte, nachdem der Handel zurückgegangen war, Arbeitsplätze schaffen und ein wenig Wohlstand bringen. Heute liegt die Stadt als fast unverbautes Idyll vor der Donauschleife. Fremdenverkehr und kleinere Gewerbebetriebe gleichen die Bilanz aus.

Unter dem Braunsberg mündet im Norden die March in die Donau, der Grenzfluß zur Slowakei. Mit dem gegenüberliegenden Theben, dem Berg Kohvla, bildet unsere Anhöhe die Hainburger Pforte, die auch Ungarische, Thebener oder Preßburger Pforte heißt. Durch sie windet sich der Strom hindurch, um dann eine Schwenkung gen Osten und bei Preßburg Richtung Südosten zu machen. Auch Preßburg kann ich an diesem klaren Tag gut erkennen. Nach wie vor werden Altstadt und weißaufleuchtende Wohnblöcke von der düster wirkenden Burg beherrscht. Dort wurden bis zum Ende des achtzehnten Jahrhunderts die ungarischen Könige gekrönt; bis zu den Karpaten gehörten die heute slowakischen Gebiete zur ungarischen Krone.
Die Bitterkeit, die jüngste Geschichte und Grenzziehung auch hier am letzten „westlichen" Donauzipfel hinterlassen hat, erlebe ich auf dem Braunsberg. Während ich dick vermummt die Kamera mit langer Brennweite auf dem Stativ und einem Pfosten gegen den Sturm sichere, rollt ein gelber Postomnibus mit einer österreichischen Nationalfeiertags-Gruppe auf den Parkplatz der Kuppe. Meist Ältere, viele in Loden gehüllt, klettern aus dem Bus, gehen fröstelnd mit eiligen Schritten zu einem am östlichen Hang gelegenen Gedenkstein. Die Inschrift erinnert an die einst von Deutschen besiedelten österreichisch-ungarischen Gebiete jenseits der Grenze. Die deutschen Namen der Städte Guta, heute Kolàrovo, Neuhäusel, heute Neo Zámky, oder Neutra, heute Nitro, dokumentieren, in polierten Stein gemeißelt, die unvergessene Vergangenheit. Der tischhohe Gedenkstein, um den sich die Gruppe schart, um gen Preßburg zu sehen, mit Ferngläsern und Fotoapparaten den Eindruck zu vertiefen, dieser Steintisch wird für Augenblicke den Erinnerung Suchenden zum Altar.

Wiener Melange: Das Riesenrad im Prater und Erinnerungsstücke der K.u.k.-Zeit

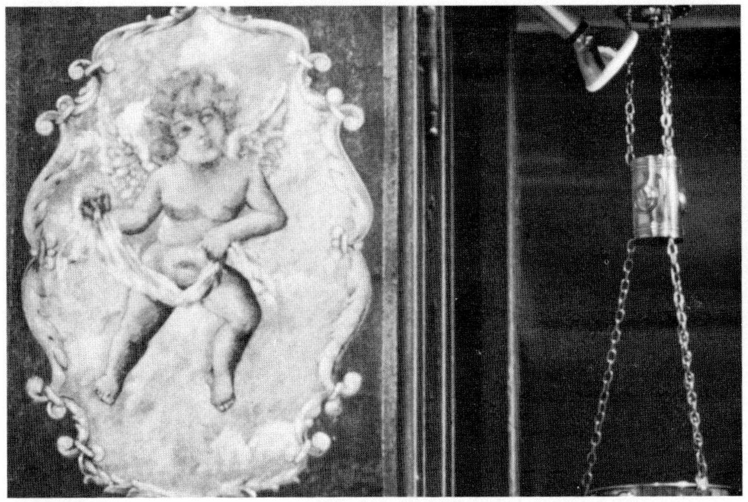

56

150.
Geburtstag
Kaiser Franz Josef I.
Demel · Demel · Demel

4

TEN-FLEISCH
täglich frisch

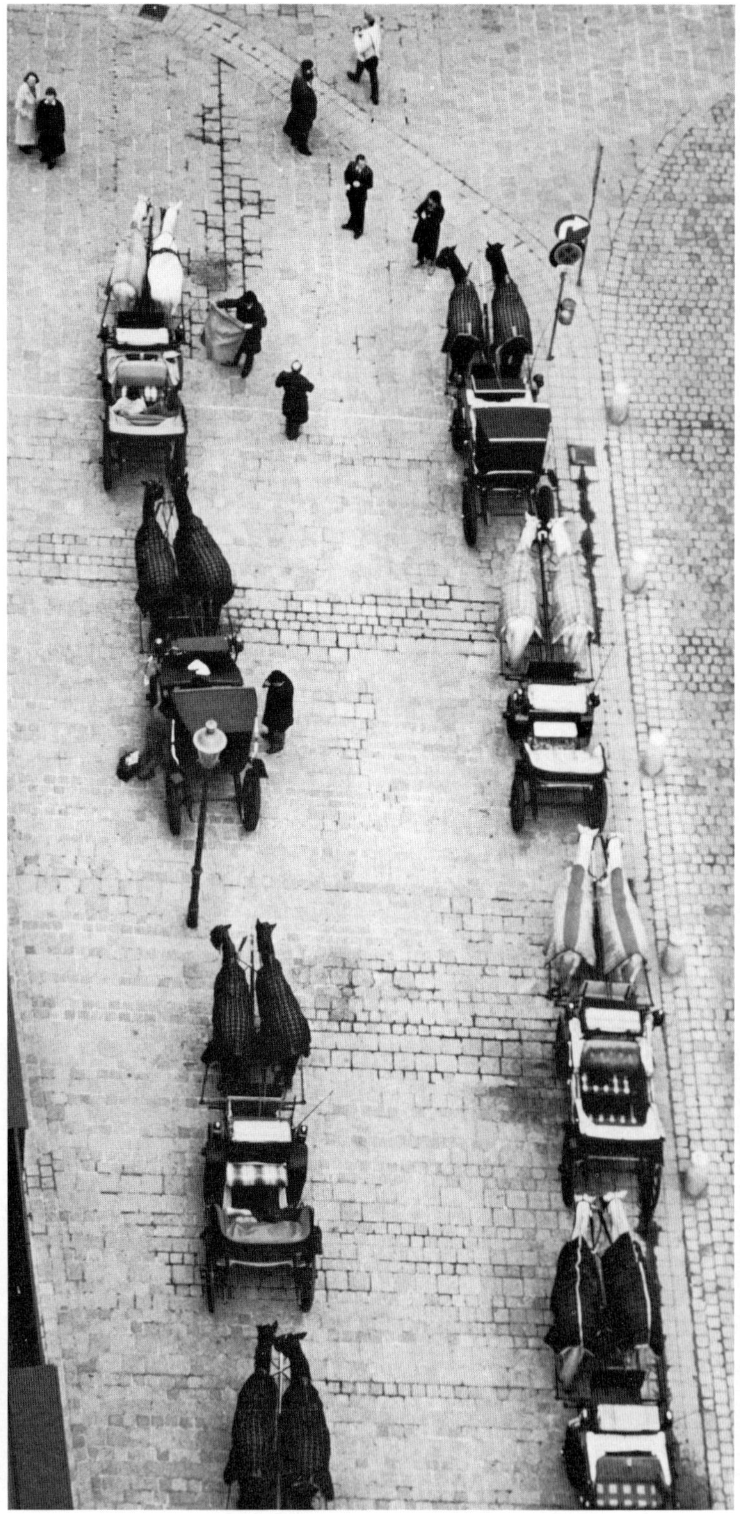

BrauAG
Bier
Filou

Nach der Hainburger Pforte wird uns die Donau fremd: Der Dom zu Gran — keine Fata morgana, sondern das Monument ungarischen Stolzes

Budapest, Freitag, 8. August
Nach Hainburg greift, wie schon erwähnt, die slowakische Grenze über die Donau herüber, nicht nur um Bratislava Platz auch auf dem Westufer zu bieten. Diese Grenzziehung ist gewiß eine politische Entscheidung. Auf zweiundzwanzig und einen halben Stromkilometern ist die Tschechoslowakei beidseitiger Donauanrainer. Auf weiteren einhundertvierzig Kilometern, bis hinter Esztergom, schauen Slowaken und Ungarn über die Donau, die zum Grenzfluß geworden ist.
Bis 1919 gehörte die Donau über Turnus Severin hinaus zur Habsburger Doppelmonarchie. So kommt es, daß viele der Orte und Städte am Fluß neben dem ungarischen oder slawischen Namen noch einen deutschen tragen. Hier zwischen Bratislava und Esztergom, zwischen Preßburg und Grein, sind es sogar drei Namen; der frühere ungarische Name des nordöstlichen Ufers wurde durch einen slowakischen ersetzt. Diese Region um Komorn, oder auf gut ungarisch Komárom, war lange Zeit rein ungarisch; sie wird auch heute von vielen Bürgern ungarischer Nationalität bewohnt.
Wir verlassen nun endgültig den deutschsprachigen Raum. Jetzt taucht der Strom in den Balkan ein. Hier war er in besonderem Maße Träger und Zeuge schicksalhafter Ereignisse, vieler Kriege und Schlachten, die auch ihn selber bis zur Mitte des neunzehnten Jahrhunderts zum Zankapfel widerstreitender Interessen machten. Herausragend aus den Jahrhunderte andauernden Kriegen waren die Einfälle der Hunnen und nach dem Mittelalter der Vormarsch der Türken. Der Schreckensruf des achtzehnten Jahrhunderts: „Die Türken vor Wien!“ klang noch bis in unsere Schulzeit herauf. Auf der Fahrt donauabwärts finden wir Burgen und Befestigungen fast an jeder geeigneten Stelle; besonders dort, wo die Donau Gebirge durchquert, sollten sie einst die Engpässe sichern. Sie wurden, wie es in Berichten heißt, bis zum letzten Blutstropfen verteidigt.
Wie ein Trompetenstoß in einer Léhar-Melodie wirkt der Dom von Gran/Esztergom in der lieblich fließenden, von Büschen und Auwäldern gerahmten Donaulandschaft. Schon zeichnet sich der Donaudurchbruch durch das rechter Hand auftauchende Pilisgebirge und das gegenüberliegende Neogradergebirge ab, es fehlen noch die Weinberge der „Ungarischen Wachau“. Der Dom im Stil der italienischen Renaissance erst 1821 bis 1856 errichtet, überrascht so sehr, daß man fast an eine Fata Morgana glauben möchte: Als sei er einem italienischen Stadtensemble entnommen und von einem Schabernack treibenden Riesen hier abgesetzt worden. Mit italienischen Domen wollten die Baumeister konkurrieren. Vorbild, besonders für die gewaltige Kuppel, war ihnen der Petersdom. Nicht immer zur Freude des Vatikan wetteiferten die Ungarn beim Bau. Für ihren Fürstprimas wollten sie alle bis dahin bekannten Dimensionen sprengen. Der Standort ist mit Vorbedacht gewählt, er war keineswegs so idyllisch, wie es heute scheinen mag. Römer bauten bei Esztergom eine erste Siedlung. Wissenschaftler vermuten hier die im Nibelungenlied beschriebene Etzelsburg. Für die ungarische Nationalgeschichte bedeutsam war die Einigung der ungarischen Stämme um das Jahr neunhundert: Gran wurde die erste Residenz der ungarischen Dynastie, bis es bei dem Tartareneinfall zerstört wurde.
Wie alle Städte südlich von Preßburg, so war auch Gran von den Türken besetzt und Grenzfestung des Osmanischen Reiches gegen die feindlichen Habsburger. Nach der Befreiung setzte dann ein rascher Aufschwung ein. Der Erzbischof von Gran war seit 1715 auch Fürstprimas von Ungarn, hier trafen national-ungarische Interessen mit den kirchlichen zusammen. Der Dom von Esztergom steht also

Vorausgegangene Seiten:
Die Kirche auf dem Leopoldsberg über Wien
Wiener Stadtsilhouette vom Prater aus gesehen
Links: Wiener Impressionen

FK

Die Ungarnaufstände Mitte des vergangenen Jahrhunderts spielen bei der Betrachtung ungarisch-österreichischer Vergangenheit keine gewichtige Rolle mehr. Dagegen hat sich die Zeit der K.u.K.-Donaumonarchie unter Führung Wiens und Budapests bei vielen verklärt. Der Name Kaiser Franz-Josephs wird ehrfürchtig genannt, fast scheint er zu einem Synonym der guten, alten Zeit geworden zu sein.
Wir gelangen in das Tal des Donaudurchbruchs. Visegrad, zu deutsch Blendenburg, taucht am rechten Berghang auf. Leichter Dunst legt sich zwischen Ober- und Unterburg und unser Schiff, läßt die Burgen gleichsam über dem Wasser schweben. Auch Blendenburg hatte seinen Teil bei den Türkenkriegen mitzutragen. Eine Episode lese ich im DDSG-Donauführer: „Bereits unter den Anjous war die Burg Aufbewahrungsort des Symbols der ungarischen Königswürde, der Krone des Heiligen Stephan. Nach dem Tode des Habsburgers Albrecht II. (1439), der als Schwiegersohn Kaiser Siegmunds auch König von Böhmen und Ungarn war, wollte seine Witwe Elisabeth ihrem ungeborenen Kinde die ungarische Krone retten. Da sie sich bereits in Wien befand, beauftragte sie ihre vertraute Kammerfrau Helene Kottaner, die Witwe eines Ödenburger Ratsherren und Frau eines Wiener Bürgers, die Krone aus Visegrad nach Wien zu bringen. Helene Kottaner nützte eine Erkrankung des Burgkommandanten aus, brach mit Hilfe zweier treuer Diener in die Kammer ein, wo die Krone aufbewahrt war, nähte sie in ein Kissen und machte sich eilends auf den Weg nach Österreich. Bei Komorn brach der Schlitten beinahe in das Eis der Donau ein, man erreichte aber trotzdem sicher die österreichische Grenze. Königin-Witwe Elisabeth hatte sich nicht geirrt, ihr einige Monate später geborenes Kind war tatsächlich ein Sohn, Ladislaus, genannt Postumus, der aber bereits mit 17 Jahren starb.
1529 wurde die Burg von den Türken besetzt, 1648 von den Österreichern unter Herzog Karl von Lothringen zurückerobert, aber bereits 1702 von Kaiser Leopold I. aus Furcht vor den ungarischen Insurgenten geschleift."
So gleicht auch diese Fahrt von Esztergom nach Budapest einer Reise durch Gegenwart und Vergangenheit. Nicht weit von dem „alten" Visegrad arbeiten die ersten Bagger und Planierraupen an beiden Ufern, um buhnengleiche Dämme in den Fluß zu schieben. Hier wird in den kommenden Jahren ein Staudamm entstehen, der Wasserenergie nutzen und der Donauschiffahrt mit größerer Fahrwassertiefe freie Fahrt zu allen Jahreszeiten geben kann. Nach dem Willen der Verkehrsplaner soll die Donau Europas Wasserweg Nummer eins werden.
Budapest wird die Donau-Metropole genannt. Wie keine andere Stadt am mittleren und unteren Flußlauf umarmt die ungarische Hauptstadt den Fluß. Die Stadtteile Buda und Pest haben sich über den Fluß mit Hilfe von sieben Brücken vereinigt. An Wien fließt die Donau vorbei, sagen die Ungarn, wir haben die Donau zum Zentrum unseres Lebens gemacht. Wie über Frankfurts Eisernen Steg strömen hier über die Elisabethenbrücke die Fußgänger. Parlament und Burgberg, das Nobel-Hotel Gellért und die Schiffsanleger stehen vis-à-vis. Ein zügig fließender Verkehr pulsiert über Brücken und Auffahrten, durch breite Boulevards und ausgebaute Ausfallstraßen. Das Sprichwort vom ungarischen Charme, von der ungarisch lässigen wie eleganten Lebensweise findet der Fremde in der Innenstadt bestätigt. Die Kleider der Mädchen und Frauen, die Auslagen der großen Geschäfte, die Umgangsformen mit Handkuß und Verbeugung, erinnern an den Westen.

Vorausgegangene Seiten:
Ungarische Schlepper bei Gran, heute Esztergom
Der Dom von Esztergom, Sitz des Fürstprimas
Oben: Das ungarische Parlamentsgebäude in Budapest
Rechts: Szent Endre, nördlich von Budapest, wird hauptsächlich von Serben bewohnt, deren Vorfahren vor den Türken flohen

Charme und Geschmack des alten Europa hat sich die ungarische Hauptstadt nicht nehmen lassen. Aber dann beginnt die Puszta

Budapest, Samstag, 9. August
Ein Stadtbummel bestätigt die Sonderstellung von Budapest und der ungarischen Volksrepublik. Zwei Taxifahrer beginnen sofort Gespräche in Englisch und Deutsch. Sie kennen die führenden Politiker Europas, fragen mich nach Wahlprognosen und sind ganz einfach neugierig auf Neuigkeiten, wie es nur wirkliche Großstädter sein können. Vor der Jahrhundertwende, als in Europa nach Aufbaujahren im Goldgräberstil die Städte aus den Nähten platzten, als Wohnblocks errichtet, Boulevards verbreitert und repräsentative Gebäude im neoklassizistischen Stil gebaut wurden, in dieser Zeit ist auch Budapest gewachsen, hat sich von den Lebensformen, dem Stil jener Epoche prägen lassen wie London, Berlin, Paris und Wien.
In den Geschäften der Hauptstraßen finden sich Auslagen und Waren von erstaunlicher Vielfalt. Hinter den Glasscheiben der Luxusläden kleben die Signets führender Kreditkartenunternehmen: ,,We accept . . .''. Zwar läßt die Devisenbewirtschaftung einen freien Geldumtausch nur auf dem Schwarzmarkt blühen, doch die Wechselmöglichkeiten sind für den Touristen unkompliziert und kaum zeitraubender als auf einer französischen Bank. In guten Hotels servieren die Kellner mit beispielhafter Höflichkeit, gleichwohl ohne Servilität. Die Speisekarte kann sich sehen lassen, wenn auch der Preisunterschied zu den Menus der einfachen Gaststätten dem ungarischen Normalverdiener einen Besuch im Gellért unerschwinglich machen dürfte.
Die Entwicklung der Doppelstadt beschreibt der DDSG-Führer unter anderem so: ,,Aus der Römerzeit blieben viele Kalk- und Ziegelöfen erhalten, aus dem slawischen Wort für Ofen, nämlich pec, wurde später Pest. Die in der Folge hier siedelnden Deutschen nannten den Platz aus dem gleichen Grund ebenfalls Ofen, was ungarisch ,,Buda'' heißt. Ende des zehnten Jahrhunderts setzten sich die unter dem Arpaden Waik-Stephan geeinten Magyaren fest. Unter dem Luxemburger Sigmund (1410 bis 1437), dem Schwiegersohn und Erben des Angiovinen Ludwigs des großen (1342 bis 1382) wurde Buda Landeshauptstadt von Ungarn. Erst im Jahre 1686 befreiten die kaiserlichen Truppen unter Herzog Karl von Lothringen Budapest vom türkischen Joch. Im achtzehnten Jahrhundert begann unter Königin Maria Theresia und ihrem Sohn Josef II. der zweite Aufstieg, unter anderem versinnbildlicht durch den Neubau des Königsschlosses auf dem Burgberg und die Verlegung der Universität von Tirnau (Nagyszombat) nach Pest. Im neunzehnten Jahrhundert setzte sich der Aufschwung der Stadt fort. So wurde auf Betreiben des ,,größten Magyaren'', des Grafen Stephan Szecheny (1791 bis 1860), 1839 bis 1848 von dem Engländer W. Th. Clark die elegante Kettenbrücke als erste Donaubrücke in diesem Raum gebaut. Die Donau richtete früher im Stadtgebiet durch Überschwemmungen und Eisstöße viele Verheerungen an, so im März 1838. Durch die 1871 begonnenen und 1928 abgeschlossenen Regulierungsarbeiten sind diese Gefahren gebannt. Umgeben wird die Königin der Donau im Westen von den 400 bis 500 Meter hohen Budaer Bergen. Dieses dicht bewaldete und landschaftlich sehr reizvolle Gebiet, der ,,Wienerwald'' der Budapester, wird von einer elf Kilometer langen Kleinbahn erschlossen. Östlich von Budapest beginnt die vielbesungene große ungarische Tiefebene, das Alföld.''
Diese Tiefebene, bei uns meist als Puszta bekannt, bestimmt nun auf zweihundert Stromkilometern Länge bis zur jugoslawischen Grenze die Donaulandschaft. Nur wer auch von der Monotonie einer Steppenlandschaft und den gleichförmigen Auwäldern an den Ufern sich faszinieren läßt, wird die nächste Etappe stromabwärts nicht langweilig finden.

In der City prägen moderne Geschäfte und Plakate die ungarische Hauptstadt

SZÍNES MAGYAR
BŰNÜGYI FILM
DOBRAY GYÖRGY
A kétdimenziós gyilkos
MOZI
CORVIN

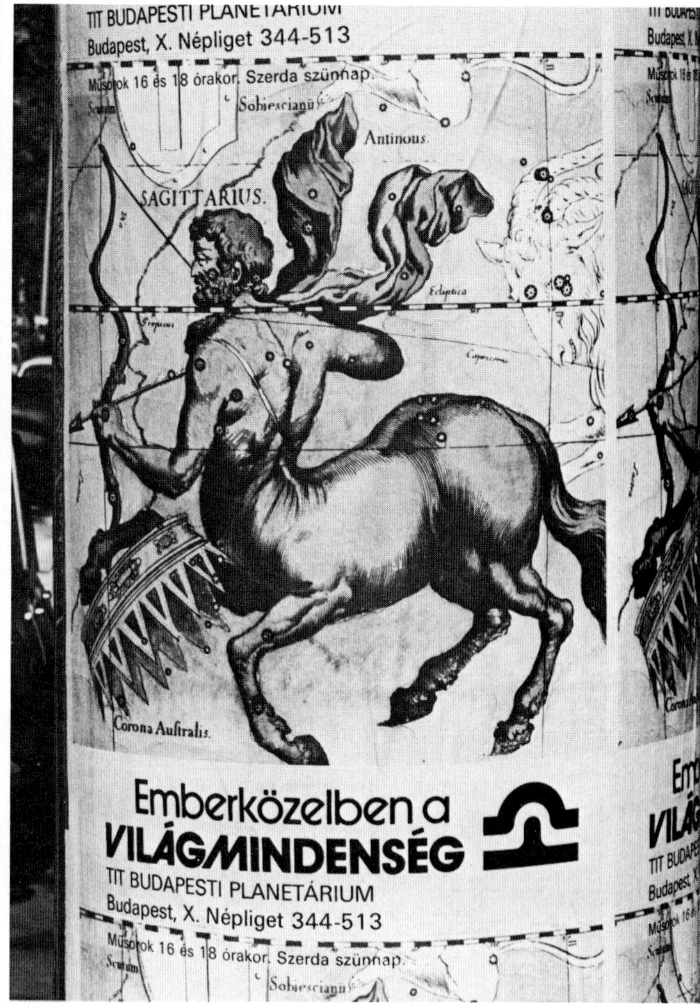
TIT BUDAPESTI PLANETÁRIUM
Budapest, X. Népliget 344-513
Műsorok 16 és 18 órakor. Szerda szünnap.
Antinous.
SAGITTARIUS.
Corona Auftralis.
Emberközelben a
VILÁGMINDENSÉG
TIT BUDAPESTI PLANETÁRIUM
Budapest, X. Népliget 344-513
Műsorok 16 és 18 órakor. Szerda szünnap.

BUSZ

Von Budapest nach Belgrad — der Sprung von Mitteleuropa auf den Balkan: Nun mischen sich die schwarzen Gewänder der Frauen ins Bild und die Männer mit dem Féz

Im Schlafwagen vor Belgrad, Donnerstag, 21. August
Wo beginnt der Balkan? Zum Beispiel auf dem Hauptbahnhof von Triest. Lang bevor der Zug aus Venedig eintrifft, der dann eine knappe Stunde später über Belgrad nach Athen und Istanbul weiterfahren soll, füllt sich der Bahnsteig mit Reisenden orientalischen Zuschnitts. Vor dem Trinkwasserhahn hockt eine Frau mittleren Alters, umhüllt von knöchellangem weißen Leinen, und zapft Wasser in eine Batterie Flaschen, die für eine lange Reise reichen. Männer in dunklen Anzügen, andere in Jeans, schleppen mit Stricken verknotete Vulkanfiber-Koffer und Kartons. Ich höre kaum noch italienische Stimmen. Der Fahrkartenverkäufer hinter dem Schalter ist auf diese Klientel vorbereitet, er spricht fließend Serbo-Kroatisch.
Der Schlafwagenschaffner stammt aus dem südlichen Jugoslawien. Er besitzt die mächtige Statur eines Ringkämpfers, trägt seine Haare auf etwa fünf Millimeter kurzgeschoren, was ihm, sobald er seine blaue Dienstmütze abnimmt, einen düsteren oder — wie man es nimmt — auch vertrauenerweckenden Eindruck verleiht. Auf mich, der ich mich zur fünften langen Donaureise aufgemacht habe, wirkt Schaffner Stefanovic beruhigend. Unter seiner Obhut werde ich sorglos schlafen. Seit er meinen Paß studiert und ein Trinkgeld erhalten hat, hält er mich eisern für ein Mitglied der für ihn legendären „Krupp-Familie". Mein Hinweis auf die andere Schreibweise meines Namens quittiert er mit einem verständnisvollen Lächeln. Auf die Bettkarte schreibt er „Krupp Johann".
Ich lese in Gertrud Fusseneggers Donau-Buch „Eines langen Stromes Reise". Zwischendurch bleibt mir Zeit, über mein Vorhaben nachzudenken, die Donau in Bild und Wort zu beschreiben.
„Großartigkeit durch Eintönigkeit" habe ich über die untere Donau gelesen. Wird sich die Atmosphäre des Stroms der auf Kontraste angewiesenen Kamera entziehen?
Aus dem Zugfenster erkenne ich im Morgenlicht weite, flache Felder mit Mais: Viehfutter. Telegraphenstangen und einzelne Bäume stehen wie Posten in der Ebene. Im Korridor gehen zwei Milizsoldaten vorbei. In den taubengrauen, sauberen Uniformen mit weißen Lackkoppeln und Pistolentaschen könnten sie zu einer Parade unterwegs sein. Sie bewachen jedoch unseren Orient-Express. Der fällt vor Belgrad in Bummelzug-Tempo, hält häufig auf freier Strecke. Schaffner Stefanovic serviert einen zweiten türkischen Kaffee im Plastikbecher und arrangiert den Gepäcktransport.

Belgrad, Festung Kalemegdan, Donnerstag, 21. August
Auf Belgrads Hauptbahnhof dann all jene Gerüche, Bilder, die Féz-behüteten Männer, die schwarzgewandeten Frauen, Geschäftige und Müßige, Ankommende und Abfahrende — all jene Szenen, die für uns Balkan und Orient symbolisieren. Dazwischen schreiten korrekt gekleidete ältere Reisende, fast könnten sie einem K.u.K.-Bilderbuch entstiegen sein. Und daneben die jungen Rucksacktouristen, die zualleroberst noch Schaumstoffrollen als Schlafunterlagen verschnürt tragen.
Wie die meisten Großstädte, so verwirrt auch Belgrad den Fremden, der neue stereotype Bauten, Gründerzeitfassaden und nur ganz wenig Älteres zu einem ersten Bild zusammenzufügen sucht. Veschlissenes steht neben Neuem. Nicht alles, was in den Nachkriegsjahren rasch errichtet wurde, sieht frisch aus; bröckelnder Putz schon hier. Auf den Hauptstraßen der Innenstadt herrscht ständig Gedränge, bedingt durch Schichtarbeit; Menschentrauben an Passagen und Fußgängerüberwegen, den Engstellen der Stadt. Nur ein paar Schritte weiter stadtauswärts ein ganz anderes Bild: Wohnblöcke und Gewerbegebiete

Am Abhang des Gellért-Berges über Budapest erinnert ein riesiges Standbild an die Christianisierung Ungarns

scheinen ein nach außen abgekapseltes Eigenleben zu führen; die Bürgersteige sind kurz nach acht Uhr früh leer und verlassen.
Die Festung Kalemegdan muß jeder besuchen, wenn er Belgrad, auf deutsch „Weiße Burg", gesehen haben will. Der Festungshügel ist der einzige Ort, an dem die Vergangenheit von Stadt und Burg noch unübersehbar ist:
Reste und Ruinen, umgeben von Parks, Wällen und Bastionen, überragt von einem Turm und der Befreiungsstatue bis hin zu dem Wall aus jener Zeit, als Rom mit einem Kastell seine Grenze gegen die slawischen Stämme zu schützen suchte. Viele Jahrhunderte später gelang es dem Prinzen Eugen, hier am Zusammenfluß von Save und Donau eine Brücke zu schlagen und die überraschten Türken aus der Festung zu vertreiben. Der türkische Vormarsch nach Mitteleuropa war endgültig gestoppt, ihr Rückzug eingeleitet.
Der Bummel auf den Burganlagen, der Blick von dem zur Sternwarte ausgebauten Turm und das erste Chiĉ-Kebap-Essen mit prächtigem Blick auf Save und Donau stimmen mich auf meine weitere Reise ein. Am Morgen hatte ich feststellen müssen, daß Auskünfte selbst im repräsentativen Hotel Jugoslavija dies oder jenes bedeuten können oder auch gar nichts. Das für Schiffsreisen empfohlene Reisebüro Putnik schickte mich wieder zu einem anderen und von dort gelangte ich schließlich zu Centro-Tourist, wo man mir eine der letzten Karten für den Hydroglizer, das sowjetische Tragflügelboot, zum Staudamm Djerdap an den Katarakten verkaufte. Die Weiterfahrt nach Rumänien sei von Belgrad aus vollkommen unübersichtlich, erklärte mir der herbeigerufene Stationsleiter. Mit den Russen, die den Langstreckendienst beherrschen, habe man so gut wie keinen Kontakt. Ihm sei jedoch bekannt, daß die russischen Passagierschiffe nur „Paket-Touren", beispielsweise von Passau zum Bosporus, verkaufen. An die Aufnahme von Passagieren für kurze Strecken in vielleicht noch freien Kabinen sei kaum zu denken; die Organisation der sowjetischen Staatsreeder sei hierfür zu starr.
Auf eine derartige Paket-Tour wie sie mir auch mein Reisebüro zu Hause angeboten hatte, wollte ich mich jedoch nicht einlassen: Das läuft zu rasch und zu schablonisiert ab, für einen Bildbericht über die Donau ungeeignet. Die wenigen Fahrten der österreichischen Donaudampfschifffahrtsgesellschaft waren schon ein Jahr im voraus ausverkauft gewesen. Mir blieb nichts anderes übrig, als mein Glück und Weiterkommen jeweils vor Ort zu versuchen.

Belgrad, Donnerstag, 21. August
Nach der Absprache bei Centro-Tourist schlendere ich zu den Bootsstegen vor Zemun und frage nach einem Mann, der deutsch oder englisch sprechen kann. Unter einem Sonnendach sitzt ein Halbdutzend handfester Männer mit tätowierten, muskulösen Armen. Der Älteste spricht etwas deutsch, jedoch nicht genug, um meine Frage nach einem Boot donauabwärts bis nach Rumänien zu verstehen. Zweimal fragt mich der Alte, ob es auch ein Ruderboot sein könne. Schon im Hinblick auf die elfhundert Fußkilometer bis zum Delta — ich wage gar nicht den Zeitaufwand zu kalkulieren — schüttle ich so entschieden den Kopf, daß ein jüngerer Serbe aufsteht, mir zunickt und mir bedeutet, ich solle mitkommen, er werde die Sache schon regeln.
Über Schlick, Scherben und Gerümpel gelangen wir zu einem Holznachen, in dem das Wasser knöcheltief steht. Am Heck ein schmächtiger Außenbordmotor. Die Planken liegen lose und vergammelt auf den Bootsrippen. „Hiermit?" rufe ich entsetzt. Doch Stefan, so heißt der junge Mann, eilt zu einem neueren Boot, entleiht sich dort in Windeseile den Benzintank und die Persenning, letztere um mir eine halbwegs saubere Sitzgelegenheit zu bieten. Mit einer weißen Plastikkelle beginnt er, das Wasser auszuschöp-

Belgrad: die Weiße Burg. Auch hier besiegte Prinz Eugen die Türken. Und ich lerne auf einem motorisierten Holznachen das Fürchten

fen. Als er nach zehn Minuten freudestrahlend erklärt, nun könnten wir zur Probefahrt starten, bringe ich es nicht übers Herz, nein zu sagen. Ich überschlage meine Wertsachen — viel habe ich nicht dabei. Dann handeln wir noch den Preis für eine Rundfahrt um die große Insel aus. Wir einigen uns auf dreihundert Dinar, rund zwanzig Mark. Ich steige auf die vordere Sitzbank, Stefan stakt und schiebt das Boot frei.

Nach viermaligem Anreißen springt der kleine Zweitaktmotor an. Eine warme Nachmittagssonne läßt Wasser, Bäume und alle Gegenstände fast unwirklich plastisch erscheinen. Ich fotografiere unser Ablegen, das Auslaufen zwischen vielen, zum Teil in Eigenbau gebastelten Booten. Kaum haben wir die Liegeplätze verlassen, dreht Stefan das Gas voll auf. Der Nachen schiebt spürbar nach vorne. Bugwasser spritzt mir in den Rücken. Ich wähle eine schnellere Verschlußzeit, da macht es einen hörbaren Knacks im Motor, die Schraube läuft ohne Antrieb aus, wir kommen zum Stehen. Nur die Donauströmung treibt uns sanft weiter. Stefan macht ein überraschtes Gesicht, nachdem er den Außenbordmotor hochgeklappt hat, etliche Schlingpflanzen von der Schraube zieht und feststellt, daß der Stift gebrochen ist.

„Das haben wir gleich", müssen wohl seine serbischen Worte bedeuten, denn sein Gesicht zeigt wieder Frohsinn. Mit dem alten, grünen Paddel hantiert er so geschickt, daß wir nur wenige Minuten später an Land stoßen. Stefan springt heraus, bedeutet mir, daß ich sitzen bleiben solle, da sonst das Boot abtreibt. Nach zehn Minuten kommt er mit einer Handvoll messingfarbener Stifte zurück. Ich lerne, daß diese Stifte Sicherungsbolzen zwischen Motorwelle und Propeller darstellen, daß hier in der Donau viel Holzteile, Pflanzen und Unrat schwimmen, so daß solch ein Stift eine wichtige Aufgabe hat.

Mit dem zweiten Stift fahren wir immerhin fünf Minuten lang. Ich bin gerade bei Gegenlichtaufnahmen, als es den nun schon bekannten Knacks tut. Beim vierten gebrochenen Stift werde ich allerdings skeptisch, denn in diesem Augenblick haben wir die Insel an der entferntesten Stelle umrundet. Über uns liegt im späten Licht besonders malerisch die Festung, und wir treiben in der Fahrrinne der Großschiffahrt. Stefan zeigt mir seine verbliebenen zwei Stifte. Wir haben gerade die Hälfte der Strecke zurückgelegt.

Ich versuche Stefan zu bewegen, nur langsam zu fahren, denn die Stifte brechen meist bei Vollgas; da genügt anscheinend ein geringer Widerstand im Fahrwasser. Zum Hafen werden wir es nicht schaffen. Während wir auf mein Drängen zum Festlandufer tuckern, knackst der letzte Bolzen. Stefan paddelt ans Ufer, wir staksen durch glitschigen Schlamm zum nächsten Weg; mein Donaukapitän will einen Radfahrer anhalten, um auf mir rätselhafte Weise zu neuen Stiften zu kommen. Als ich ihm den vereinbarten Preis gebe, die Hand schüttele und alles Gute wünsche, lacht er schon wieder. Ich ziehe es vor, die letzten Kilometer zum Hotel zu Fuß zu gehen. Auf andere nautische Unternehmungen will ich jedoch schon der Donau wegen nicht verzichten. Für den Abend habe ich eine Stadtrundfahrt mit dem Restaurationsschiff „Djerdap" gebucht, um Belgrad bei Nacht kennenzulernen.

Zur Stunde der Restauranteröffnung auf der „Djerdap" brechen auch Millionen von Mücken aus den sumpfigen Donauufern auf. An der Promenade vor dem Schiff fallen mir Personen auf, die plötzlich ihren Abendbummel durch zuckende Verrenkungen unterbrechen, verbunden mit Schlagen und Fluchen: Skurrile Gruppenbilder, die zum Lachen reizen. Bald vergeht mir das Lachen, als ich auf Deck unter einer Persenning Platz finde und die Mücken auch mich plagen. Dicke

Vorausgegangene Seiten:
1872 schlossen die Ungarn die drei alten Städte Buda, links mit dem Burgberg, Pest, rechts mit dem Parlament, und Obuda zur Hauptstadt Budapest zusammen

Coca-Cola

Die Mücken von Zemun plagen heute die Ausflügler wie einst die Soldaten Habsburgs: Abendessen auf dem Restaurantschiff

Socken und vorsorglich mitgenommene Mückentinktur schützen mich dann einigermaßen. Die armen Kellner scheinen sich der Mücken beim Servieren durch rasches Laufen erwehren zu wollen. Wir haben erst Ruhe, als das Schiff ablegt und ein kühler Fahrtwind die ungebetenen Gäste vertreibt. Zu den Klängen jugoslawischer Volksmusik tafeln viele jüngere Leute. An einem langen Tisch drängen sich an die zwanzig im Studentenalter. Zum Fisch oder Kebab wird meist Bier oder Limonade getrunken, es wird viel gelacht, und wie überall macht man Späße, wenn die sechs Musikanten am Tisch einem verliebten Paar aufspielen. Das Essen ist gut und nicht teuer. Während wir Zemun, die Festung, Hafenanlagen, Brücken und den Auwald zu sehen bekommen, essen fast hundert Personen auf Deck. Nach zwei Stunden Rundfahrt gehen die meisten wieder an Land, wo die Mücken auf uns warten.

Belgrad, Freitag, 22. August
„Im Sozialismus ist alles möglich, oder auch gar nichts!" Diesen Ausspruch hörte ich vor einem Jahrzehnt von einem Journalisten in Moskau. Der Spruch bewahrheitete sich auch in Belgrad. Es gibt zwar keine Schiffsverbindung mehr nach Novi Sad, achtzig Kilometer nördlich von Belgrad, aber ich finde einen Hertz-Mietwagen mit Fahrer, morgens um sieben Uhr. Bei verhangenem Himmel fahren wir los. Am Steuer sitzt Mirco, siebenundzwanzig Jahre alt, Student an der Belgrader Hochschule für landwirtschaftlichen Maschinenbau. In den Semesterferien arbeitet er bei Hertz, die hier mit dem Staatsunternehmen Kosmos kooperieren. Mirco spricht englisch und bemüht sich, mir meinen Job, wie er es nennt, zu erleichtern.
Die Vororte Belgrads erinnern an Bilderbuchszenen der Jahrhundertwende. In schmucker Einheitlichkeit rahmen eingeschossige frühere Bauernhäuser die Straße, noch einmal getrennt durch Bäume und Sommerwege von der heutigen Fahrbahn. Holzgeschnitzte Rahmen und frische Farben verleihen der blocklangen Fassade den Charakter einer Bühnendekoration. Am Gemeindebrunnen füllen Frauen Trinkwasser in Plastikbehälter — Balkanidylle, doch ohne den Beigeschmack von Ärmlichkeit. Stoffe und Farben der Kleider und Kittel leuchten frisch. Noch im Blickfeld der Hochhäuser von Neo-Belgrad mit Leichtmetallfenstern und verspiegelten Isolierglasscheiben trabt ein Eselsgespann, der Bauer läßt die Beine von einer Fuhre Viehfutter herunterbaumeln.
In Novi Sad regnet es. Die Straßen sind schmierig von sich auflösendem Dreck. Die sehenswerte Festung Peterwardein thront im Grau über der Donau. Die Konturen der Laufgräben, Wälle, Mauern und Bastionen verlieren sich im Dunst. Nichts erinnert daran, daß Peterwardein einst der Stolz der österreichischen Südflanke war, uneinnehmbar befestigt und so sicher, daß die österreichischen Kaiser noch im ersten Weltkrieg hier ihren Thronschatz in tiefen Magazinräumen einlagerten.
Von der breiten, dem Restaurant vorgelagerten Terrasse fast der Blick Altes und Neues. Der Turm der Festungskirche scheint gleich vor dem Abhang aus dem Boden zu wachsen. Hinter der neuen Donaubrücke wiederholt sich die Turmfigur: Industrieanlagen mit unzähligen Schornsteinen, die sich fast bis zu dem Petrochemischen Kombinat im Hintergrund hinziehen. Dort unten in Novi Sad, das aus dem früheren österreichischen Neusatz gewachsen ist, spielt sich heute das Leben ab. Oben auf der Festung schlummert die Erinnerung an eine ruhmreiche Vergangenheit, als Prinz Eugen 1724 die türkische Übermacht schlug und die Vormachtstellung der Habsburger auf dem Balkan für noch einmal zweihundert Jahre begründen half.

Vorausgegangene Seiten:
Straßenszene in der Haupstadt Belgrad
Festung Peterwardein und Blick auf Novisad/Neusatz
Rechts: Zemun/Semlin, heute eine Vorstadt Belgrads

Wir Ober und Unter Vorsteher

Im Museum von Peterwardein liegt deutsch-österreichische und serbisch-jugoslawische Historie beisammen. Die meisten Dokumente der Stadt und der K.u.k.-Provinzen aus dem achtzehnten und neunzehnten Jahrhundert erschienen damals in deutscher Sprache. Die Erklärungen stehen nun nur serbisch daneben. Überall schlägt das Bemühen durch, auch die eigenständige serbische Entwicklung darzustellen. Verständlich, daß als Höhepunkt der Ausstellung der Partisanenkrieg im letzten Weltkrieg, der Einsatz von Präsident Tito und die Geburt des jugoslawischen Staates hervorgehoben werden.
Unter der Brücke, die von der Festung Peterwardein nach Novi Sad hinüberführt, fließen gleichmäßig grün bis grau die Wasser, denen ich nun schon so lange folgte. Während ich auf besseres Fotolicht warte, habe ich Muße zurückzudenken: Habe ich zu diesem Strom, der am Schwarzwald entspringt, noch eine heimatliche Beziehung? Berührt mich diese Donau hier ebenso wie in Regensburg, Melk oder Wien? Mit der Entfernung von Deutschland, mit der Breite des Stromes und der mir immer fremder werdenden Umgebung hat sich mein Verhältnis zur Donau verändert. Sie ist in Serbien nicht mehr „mein Fluß", wie es etwa die Elbe in Dresden, in Magdeburg und im besonderen Maße natürlich in Hamburg bei meiner Elbreise gewesen war. Hier bin ich auf Fotosafari in exotischer Fremde.
Mit Mirco habe ich jedoch keine Probleme. Er fährt mich sicher und rasch. Im Regen suchen wir noch typisch ländliches Leben, ein Dorf am Ufer. Doch in der Umgebung der neuen, imposanten Autobahnbrücke finden wir nur Ferienhäuser, Datschen wie es überall im Osten heißt, und ein nobles Gästehaus der Regierung. Als der Regen sintflutartige Formen annimmt, geben wir auf. Vom Balkon meines Hotelzimmers im achten Stock über der Donau erlebe ich das Naturschauspiel, wie mit unheimlicher Kraft die Regenfronten nach Belgrad geschoben werden.

Djerdap, Samstag, 23. August
Der Wecker klingelt kurz vor fünf Uhr früh. Statt eines Frühstücks erhalte ich eine Plastiktüte mit Weißbrot, Käse und Schinken. Das Taxi erscheint wirklich nach wenigen Minuten vor dem Hotel: rechtzeitig finde ich mich mit rund zweihundert Wartenden am Kai von Centro-Tourist ein.
Die Fahrt mit dem Hydroglizer zum Staudamm Djerdap am Eisernen Tor gilt als touristische Attraktion. Mit fünfundsechzig Kilometern in der Stunde gleiten die russischen Boote über das Wasser. Da der Ausflugsverkehr mit regulären Schiffen eingestellt worden ist, gibt es zum schnellen Hydroglizer keine Alternative auf dem Wasser. So kommt es, daß der Tourist im Westen von alten Raddampfern der österreichischen DDSG gemächlich gefahren wird, im sozialistischen Osten aber in ein „Fahrzeug der Zukunft" steigt. Die Sitznachbarn in den vordersten Reihen nehmen sich meiner mit Freundlichkeit an. Als es an der Bar noch keinen Kaffee gibt und ich mein Morgenbrot trocken zu mampfen beginne, reicht mir die Familienmutter eine Tasse dampfenden Kaffees aus der Thermosflasche. Trotz des trüben Wetters herrscht fröhliche Reisestimmung. Die Ausflugsfahrt mit Besichtigung des Staudamms und der hydroelektrischen Anlagen ist offensichtlich keine Selbstverständlichkeit. In den Sommermonaten sind die je vierundsechzig Plätze auf den drei Gleitbooten rar.
Vom Heck kann ich ungestört die rasch wechselnde Landschaft beobachten und einige Aufnahmen machen. Die flache, von Auwäldern umkränzte Flußebene wird schon nach einer Stunde Fahrt von den Ausläufern der Karpaten abgelöst. Wir nähern uns rasch dem letzten Donau-Durchbruch, dem Eisernen Tor. Diese wegen spitzer Felsnadeln, Untiefen und reißender Strömung gefürchtete Passage gefährdete über Jahrhunderte die Schiffahrt auf dem Unterlauf.

Das Eiserne Tor, Schrecken aller Schiffer, durchfahren jetzt die russischen Tragflügelboote im Sechzigkilometertempo: ein gewaltiger Staudamm hat die Wasser gezähmt

Unser Boot braust in die Schlucht hinein, ohne das Tempo wesentlich zu verringern. Seit im Jahr 1972 der Djerdap-Staudamm fertig wurde, hat sich der Wasserpegel um vierunddreißig Meter erhöht. Riffe und Untiefen verschwanden im Stausee, leider auch traditionsreiche Ortschaften, Kirchen und einige Kunstwerke. Die Schiffe hingegen haben nun bis auf wenige Engstellen freie Fahrt. In den Doppelschleusen beiderseits des Damms, auf der jugoslawischen wie auf der rumänischen Seite, wird der Niveau-Unterschied durch zweimal siebzehn Meter Hub überbrückt. Dies technische Meisterwerk hat den beiden sozialistischen Nachbarstaaten neben Vorteilen für die Schiffahrt auch erheblichen Energiegewinn gebracht. Fünf gewaltige Generatoren werden von jeweils eigenen Druckstollen horizontal beschickt und gewinnen, nach dem „Djerdap-System", die für die unterentwickelte Grenzprovinz ersehnte Energie. Auf der rumänischen Seite hat sich die Uferlandschaft schon in ein Gewerbegebiet verwandelt: Kein erbaulicher Anblick für diejenigen, die mit dem Eisernen Tor noch romantische Vorstellungen von Bergeinsamkeit verknüpfen.

Djerdap, Samstag, 23. August
Vom Kraftwerk fahre ich mit einem Touristenbus nach Kladovo, sehe beim Vorbeifahren den Wochen-Markt in der Stadt und fotografiere wenig später Händler und Käufer in fast orientalischer Basarstimmung.
Eine Familie verstaut auf dem Fahrradanhänger zum quiekenden Ferkel noch eine Gans und etliche Bündel und Säcke. Daneben hieven dralle Frauen Kartons und Kisten auf einen Pferdewagen, klettern behende auf die Ladung und lassen sich thronend nieder, nachdem sie ihre weiten Röcke geglättet haben.
Unter Zeltplanen und Holzdächern bieten Bauern und Händler in langen Reihen Obst und Gemüse, Kleinkram und Haushaltsgeräte an. Auf den hell gekleideten jungen Mann achte ich nicht, der mir folgt. Als ich eine Hand auf meiner Schulter spüre, ist es zu spät. Ein Kriminalbeamter zeigt mir seinen Ausweis und schiebt mich in einen Metzgerladen, in dem die Verkäuferinnen bereits die Theke reinwischen. Gleichzeitig taucht ein blonder, kräftiger Milizionär auf. Der Kriminalbeamte redet auf mich serbisch ein, verlangt meinen Paß. Ich kann ihn nicht vorzeigen, er liegt in der Reception des Hotels. Der Uniformierte führt mich zum Milizgebäude ab.
Über die Hauptstraße vorbei an kleinen Restaurants in ebenerdigen, schmalen Räumen geht der Weg. Man schaut uns nach. An der Ecke des Milizgebäudes steht der Wachhabende, auf seinen Schulterklappen blitzen Silberknöpfe. Ich gehe auf den Mann mit den auffallend klaren blauen Augen zu, strecke ihm die Hand entgegen und sage: „Dobre dan!" Damit ist mein serbischer Wortschatz aber auch fast erschöpft. Der Wachhabende drückt mir kräftig die Hand und wundert sich: „Oh, Sie sprechen ja serbisch!" Wir stellen dann fest, daß er französisch versteht, und im Flur des Gebäudes werde ich belehrt: Kladovo liegt in der Grenzzone und Fotografieren ist ohne schriftliche Genehmigung aus Belgrad verboten. Meine Frage nach den gutnachbarlichen Beziehungen zum ebenfalls sozialistischen Rumänien beantwortet er knapp: „Wir pflegen gute Beziehungen zu allen Staaten. Wir müssen jedoch wachsam sein, damit unser Aufbau nicht gefährdet wird!"
Im halbdunklen Flur habe ich Gelegenheit, über diese Antwort nachzuden-

In Kladovo werde ich von der Miliz abgeführt — Fotografieren auf dem Wochenmarkt ist verboten: Im Grenzgebiet müssen wir wachsam sein

ken. Die grünen Wachtürme entlang der Donau auf rumänischer Seite waren mir schon aufgefallen. Durch das Fernglas erkannte ich auf den Türmen Soldaten in olivgrünen Uniformen mit Schnellfeuergewehren: Auf der Wacht, um die Grenze zum jugoslawischen Nachbarn zu schützen.
Aus der Wachstube höre ich dann durch die geschlossene Tür immer wieder die Worte Film und Fotoapparat. Ich wechsle rasch den Film und drehe die ersten Bilder eines unbelichteten durch. Nach etwa zehn Minuten erscheint der Wachhabende mit zwei Kollegen. Er belehrt mich noch einmal über das Aufnahmeverbot und sagt: „Wenn Sie hier in Kladovo nicht mehr fotografieren, werden wir Sie ungehindert mit Ihren Apparaten nach Rumänien ausreisen lassen. Sollten Sie jedoch weitere Fotos machen, müssen wir ihre Filme und Apparate beschlagnahmen!" Ich nehme das Angebot an. Wir drücken uns wie zur Bekräftigung die Hände; ich darf gehen.
In einem der kleinen Restaurants, aus denen mir auf dem Gang zur Wache Grillduft entgegengekommen war, finde ich noch einen freien Platz. Mal wieder esse ich Kebab, trinke den trockenen Rotwein dazu und genieße die Freiheit, während ich von meinem Platz aus beobachten kann, wie auch der Wachhabende zum Essen geht.

Turnu Severin, Sonntag, 24. August
Das Taxi ist pünktlich. Nach meiner Bekanntschaft mit der Miliz traf ich zufällig am Hotel den Fahrer des einzigen Mietwagens von Kladovo. Wir vereinbarten eine Fahrt über die Grenze für Sonntagmorgen. Pünktlich um neun steht Josef Milowitsch in einem blauen Overall, wie ihn Monteure tragen, vor dem Hotelportal. Beim Verstauen der Fototasche und des Koffers meint Josef in recht ordentlichem Englisch, daß er auf einen guten Tag der rumänischen Zöllner hoffe. Bei ähnlichen Fahrten habe er bis zu zwei Stunden auf die Grenzabfertigung warten müssen. Der kleine Grenzverkehr zeichnet sich durch betont langsame Kontrollen aus, wie mir eine deutsche Touristin im Hotel Djerdap schon beim Frühstück vorsorglich erzählte.
Fast familiär winken uns die jugoslawischen Beamten an einem halben Dutzend wartender Fahrzeuge vorbei. Ein Blick in den Kofferraum, kurzes Anheben des Kofferdeckels, Stempel in den Paß und Gute Fahrt, das geht so zügig wie an der deutsch-österreichischen Grenze vonstatten. In der Mitte des Djerdap-Dammes, über den die Straße führt, stehen sich Grenzposten mit umgehängten Maschinenpistolen gegenüber. Im kühlen, mit Regenschauern vermischten Wind stapfen sie auf und ab, suchen die Gesichter im Windschatten hochgeschlagener Mantelkragen zu schützen. Ein französischer Wagen hält an, der Fahrer steigt aus, um Filmaufnahmen vom Staudamm zu machen. Josef hupt und schwenkt warnend die linke Hand, denn Fotografieren ist hier streng verboten. Aus dem Rückfenster erkenne ich, wie sich auch der jugoslawische Grenzsoldat dem Franzosen zuwendet.
Auf rumänischer Seite stehen in drei Reihen mehr als zwanzig Fahrzeuge. Nach dreißig Minuten können wir eine Wagenlänge weiterrollen. Es dauert fast hundert Minuten, ehe sich Zoll- und Grenzbeamte mit meiner ungewöhnlichen Einreise per Taxi abfinden. Mehrere Male muß ich erklären, warum und wie weit ich die Donau bereisen will. Mein Westgeld muß ich zählen, den Zwangsumtausch einwechseln, Visa-Gebühren zahlen, den Koffer gründlich umkrempeln lassen, ehe ich schließlich Rumänien betreten darf. Josef hat es aufgegeben, immer wieder auf seine chromglänzende Armbanduhr zu sehen. Er brummelt: „Immer Ärger mit Westtouristen", freundlicher zeigt er sich erst wieder, als ich ihm bei Aussteigen vor dem Parkhotel in Turnu Severin statt der vereinbarten vierzig Mark deren sechzig in die Hand drücke.
Trotz weiterhin unfreundlichen Regenwetters mache ich mich auf den Weg,

Freizeitspaß bei Belgrad: Fischen und Baden

um im Hafen Erkundigungen über die Schiffsverbindungen zum Delta einzuholen. Überall, beim Frankfurter Reisebüro, in Wien und Belgrad vertrösteten mich die Kundigen auf Turnu Severin. Wenn überhaupt, so könne ich nur dort Verbindung stromabwärts bekommen. Am Hafenkai liegen drei Pontons mit grüngestrichenen Aufbauten, die zur Abfertigung von Reisenden benützt werden. Ein Schiff ist nicht in Sicht. Auf der Mole gehen drei Soldaten in olivgrünen Uniformen mit umgehängten Maschinenpistolen auf und ab. Schräg über dem Fluß erkenne ich das von hier aus ländlich wirkende Kladovo mit dem herausragenden Hotel Djerdap. Als ich in das ebenfalls grüngestrichene Hafengebäude gehe, werde ich von vorne und hinten gleichzeitig barsch angesprochen. Vor mir steht ein Milizoffizier, weist auf das Verbot, dieses Amtsgebäude zu betreten. Schräg hinter mir verharrt einer der Posten mit griffbereiter Maschinenpistole, um mich ebenfalls vom Eindringen abzuhalten. Wegen des schlechten Wetters habe ich gottlob nicht, wie sonst üblich, die Kamera umhängen. Spionageverdacht wäre hier am Hafen im Grenzgebiet gewiß die Folge gewesen. So werde ich nur zum jetzigen Hafenbüro verwiesen. Auf der Suche lande ich schließlich in der angrenzenden Gartenwirtschaft. Regenwasser rinnt aus Löchern des Plastikdaches: Die Suche nach einem trockenen Eisenstuhl ist aber schließlich erfolgreich. An fünf Tischen sitzen Gruppen von dunkelgekleideten Gästen, umgeben von Flaschenbatterien. Wein, Bier, Cola und Mineralwasser trinken diese Leute, die vom Lande zu kommen scheinen, nacheinander und durcheinander. Ich schätze den Pro-Kopf-Konsum auf nahe zwei Liter. Dazu essen die meisten Kebap und Brot. Auch ich lasse mir einen Teller mit harten Hackfleisch-Würstchen kommen. Beim Schneiden spritzt Fett, Knoblauchzehen, kaum zerhackt, übertönen den Fleischgeschmack. Saure Gurken, Senf und Brot stellen die Beilagen dar. Nach dem Verzehr von einem Dutzend Kebap-Würstchen ist mir so übel, daß ich mir einen großen Cognac bestelle. Der Kellner sieht aus, als sei er von der Bühne des „Zigeunerbarons" gestiegen; er bringt mir ein Zahnputzglas voll mit Weinbrand. Das sind hundert Gramm, die mir für den Rest des Tages zu einem ungestörten Schlaf verhelfen.

Turnu Severin, Montag, 25. August
Meine Recherchen beim Touristen- wie beim Hafenamt verlaufen zäh, entmutigend. Überall treffe ich auf hilfsbereite Mitarbeiter, mit denen ich, wenn immer möglich, Kaffee und Cognac trinke; doch die Auskünfte sind negativ: Der Linienverkehr auf der Donau, der zur guten alten Zeit so romantisch geschildert wurde, Bauern nahmen als Gepäck Hühner und Schweine mit auf Deck, dieser Schiffsverkehr ist eingestellt worden. Donauabwärts fahren nur noch die Touristendampfer, die russischen und rumänischen Devisenbringer, die von Passau und Wien nach Cernavoda oder zu den Schwarzmeerzielen pendeln. Die Aussicht, auf einem rumänischen Schiff mitreisen zu können, verschlechtert sich von Tag zu Tag. Kathrin, die Leiterin der „Westabteilung" des Touristenbüros, vertröstet mich zwar auf die für den Mittwoch angesagte „Carpati", die nach Cernavoda unterwegs sei, doch muß sie eingestehen, daß bisher noch kein Reisender in Turnu Severin zugestiegen sei. Ich würde einen Präzedenzfall darstellen, meint Kathrin, eine lebhafte Banaterin, die fließend deutsch spricht und so souverän sein kann, mit mir im Restaurant des Parkhotels zu essen. Bei den im allgemeinen streng reglementierten Beziehungen zu Westtouristen ist dies keine Selbstverständlichkeit. Um meine Unruhe zu zügeln, meine Wartetage zu füllen, schickt mich Kathrin zu den Sehenswürdigkeiten um Turnu Severin.

Vorausgegangene Seiten:
Belgrad: Burg Kalemegdan und Blick nach Osten
Das neue Belgrad und vor der Altstadt die Savemündung
Links: Trojan Monument in Turnu Severin
Rechts: Fahrt mit der „Raketa" in die Kazan-Enge

Von den Schwierigkeiten beim Buchen einer Schiffs-passage: Mit Kathrins und eines Geldscheins Hilfe doch noch ein Bett auf der Carpati

gener Epochen, beispielsweise der Platz, an dem die österreichisch-ungarische Quarantäne-Station alle Reisenden zu einem Zwangsaufenthalt von zehn Tagen festhielt. Bei akuter Seuchengefahr mußten sich die aus dem türkischen Territorium Kommenden bis zu fünfundvierzig Tagen der lästigen Quarantäne-Prozedur unterziehen.
Herkules Bad, dessen Heilquellen von römischen Soldaten im zweiten Jahrhundert entdeckt wurden, strahlt in seinem alten Kurbezirk unverändert K.u.k.-Atmosphäre aus. Fast enttäuscht sind wir, die wir in Gruppen zwischen Badehäusern und Hotels aus dem neunzehnten Jahrhundert bummeln, daß nicht österreichische Offiziere in gebügelten Sommeruniformen ihre Damen in weiten, spitzenbesetzten Kleidern und Sonnenschirmen über die Promenade führen, sondern Bauern und Arbeiter aus dem Banat und Siebenbürgen in Filzpantoffeln und mit verschwitzten handtuchumwickelten Köpfen vom Badehaus zum Quartier schlürfen.
Mit dem Mittwoch rückt auch der Zeitpunkt meiner Weiterfahrt zum Delta näher. Beim Anlegen der „Carpati" am Schwimmponton warte ich schon am Ufer. Mein Gepäck steht gepackt im Hotel. Wenn mich der Kapitän nicht mitnimmt, muß ich meine Pläne von der Weiterfahrt auf der Donau begraben und mit der Bahn ins Delta fahren. Kathrin winkt mir vom Schiff zu. Auf meine Frage „Wie steht's? Komme ich mit?" weicht sie aus, verweist mich an den Kapitän.
Zwanzig Minuten lang rede ich auf den Kapitän ein, einen stämmigen Rumänen mit grauen Schläfen. Assistiert von dem Borddolmetscher, versucht er mir zu erklären, auf der „Carpati" sei keine Kabine mehr frei. „Auch nicht ein einziges Bett?" „Zweifeln Sie an meinem Wort?" Es stellt sich heraus, daß nur pauschal im Westen bezahlte Reisen verkauft werden. Hier nur für eine Etappe zuzusteigen, ist im Reglement nicht vorgesehen. Sozialistische Starrheit paart sich mit der Furcht vor unliebsamen Nachfragen. Schließlich siegt doch der Geschäftssinn. Ich habe einen blauen Hundertmarkschein nicht vergeblich vor die Augen des Dolmetschers gebracht. Das Trinkgeld in Deutscher Mark für die Besatzung ist an Bord eines Schiffes hochwillkommen, auf dem Zigaretten, Parfum und Getränke nur gegen Westwährung und zu Sonderpreisen verkauft werden.
Meine Kabine neben der Bar ist die lauteste und unbeliebteste der „Carpati". Der Klavierspieler der kleinen Kapelle muß dort sein Bett für den Devisenbringer räumen. Er zieht in eine enge Mannschaftskoje. Mir ist die Musik bis ein Uhr nachts einerlei. Nach Warten und Mühen in Turnu Severin kommt mir die „Carpati" wie ein Luxus-Liner vor.

Links: Im „eisernen Tor", das vor dem Staudamm-Bau wegen seiner Untiefen und Strudel gefürchtet war
Oben: Zeichnung der römischen Brücke bei Turnu Severin

13

Auf der Carpati: Reisen zum Vergnügen, Reisen in die Vergangenheit

Auf der „Carpati", Freitag, 29. August

Als „Neuer" brauche ich Zeit, um unter den Passagieren Gruppen, Paare und Bordfreundschaften zu erkennen. Dagegen werde ich bald einige Male angesprochen, warum ich zusteigen konnte und wie sich das Fahren auf eigene Faust anlasse.

Während für die modernen, auf österreichischen Werften gebauten russischen Schiffe nur Paketreisen von Passau oder Wien bis zur Krim oder zum Bosporus mit Rückfahrt angeboten werden, sind die Rumänen flexibler. Das Innsbrucker Reisebüro Lüchner stellt Fahrten ganz nach den Wünschen der Beteiligten zusammen. Ein Mantelvertrag sichert Plätze und Service bei den Rundreisen. So kann man eine Wochenreise von Wien bis Cernavoda unternehmen, in Mamaia baden und mit demselben Schiff in der zweiten Woche zurückkehren. Dem Eiligen bieten die Rumänen einwöchige Schiffsreisen: An- und Abreise über Konstanza mit dem Flugzeug. Am beliebtesten sind in diesen letzten Augusttagen kombinierte Touren. In der zweiten Woche fahren die Gruppen im Bus mit rumänischer Führerin und fachkundigem deutschen Reiseleiter zu den Moldauklöstern oder durch Siebenbürgen; Heimreise nach zwei Wochen mit dem Flugzeug.

Am letzten Abend Abschiedsstimmung in der Bar. Da sitzen zwei ältere Ehepaare, weißhaarig und braungebrannt, mit wachen Augen und gutgelaunt beisammen. Das Paar aus Wien wiederholt die Hochzeitsreise, die es kurz vor Kriegsbeginn auf einem Donaudampfer erlebte. Ich zähle etwa zwanzig Passagiere, die ich als Donaufreunde bezeichnen möchte. Die Österreicher bilden die Hauptgruppe, sie kommen aus Linz, aus der Wachau, viele aus Wien. Ein Beweggrund für die Fahrt: „Mal sehen, wie es dort ausschaut, wo unsere Donau hinfließt." Zu ihnen gesellen sich Passagiere aus Schwaben, Bayern und Baden.

Unübersehbar sind die Vereine an Bord. Auf der „Oltenita" traf ich die Mitglieder eines Motorboot-Clubs aus Oberösterreich. Auf der „Carpati" sind es die „Kegler vom Vorarlberg", Mitglieder eines Kegelvereins aus der Umgebung von Bregenz, die diesmal auf der Donau die Vereinskasse in weinseliger Stimmung leeren. Auch ein Briefträger aus den österreichischen Bergen mit achtzehn- und zwanzigjährigen Töchtern ist auf dem Schiff. Zu Hause steht noch Vieh im Stall: Die Arbeitstage sind lang, die Arbeit reißt nie ab, da wollen sich der Vater und die berufstätigen Töchter einmal ausruhen, sich einmal amüsieren, während die Mutter den Hof und die Geschwister hütet. Die Töchter werden bald als „Bordschöne" tituliert, an Verehrern fehlt es nicht, die mit ihnen trinken, tanzen und schmusen wollen. Am erfolgreichsten erweist sich der rumänische Bordarzt, ein Mann von zweiundvierzig Jahren mit langen schwarzen, bis auf die Schulter reichenden Haaren. Wenn er zwischen den Tänzen die Achtzehnjährige schmachtend anblickt, erinnert sein Gesicht an einen bettelnden Cockerspaniel.

Am Tisch sitze ich mit einem interessierten Ehepaar und Sohn aus Hildesheim zusammen. Er ist begeisterter Hobbyfotograf und triumphiert bald, als er feststellt, daß seine fotografische Ausrüstung die meine an Wert und Prestige übertrifft.

Neben Pensionisten, wie man in Österreich sagt, neben altgewordenen Angestellten und Beamten, die geruhsame Ferien lieben und doch Neues sehen möchten, fahren auch Menschen mit uns, die ein ganz persönliches Interesse an den Donau-Ländern haben. Ein junger Mainzer begibt sich auf die Reise in die Vergangenheit seiner Frau, die aus Siebenbürgen in den Westen floh, die jetzt aber Erfahrungen mit der rumänischen Polizei an einem Wiedersehen mit der Heimat hindern.

Vorausgegangene Seiten:
Djerdap-Staudamm und Kraftwerk am „Eisernen Tor"
Eine der jugoslawischen Schleusenkammern von Djerdap
Rechts: Ruinen des römischen Kastells in Turnu Severin

Am Abend des letzten Reisetages auf der „Carpati" belohnt uns der Himmel mit einem eindrucksvollen Sonnenuntergang. Mondwechsel und eine von Cirruswolken angekündigte Wetterfront rufen Stimmungen hervor, die fast übersinnliche Empfindungen zwischen Sehen und Bewundern wachwerden lassen.

Zuerst vergoldet sich die Wasseroberfläche. Silberflimmer spielt in Bronze-, Kupfer-, Messingtöne. Das im Schatten vor dem Bug blaugraue Wasser, eben noch plan wie eine Kristallspiegelscheibe, kräuselt sich, je weiter der Schiffsrumpf hineinschneidet. Im Gegenlicht springen kleine Wellen und Lichtblitze durcheinander, um sich achtern zu einem gleichförmigen Muster zu schließen. Scherenschnittgleich steht der Auwald gegen gelbroten Horizont.

Nach dem Bordessen mit Sekt und fröhlichem Beisammensein an der Bar lockt mich das Oberdeck. Zwei Passagiere sitzen wohlvermummt dicht beieinander, sehen in Fahrtrichtung zu den Lichtern der Blinkbojen und der Uferbefeuerung. Auf dem Radarschirm erscheinen Ufer, Höhenzüge und Hindernisse wie auf ausgebleichten Reliefdrucken. Im Zentrum des grünen, runden Glasschirms die stetig weiterfahrende „Carpati" als weißer Punkt.

Im Steuerhaus stehen rauchend der Rudergänger und der Erste Offizier. Von vielen Fahrten kennen sie jeden Donauabschnitt, wissen wo Bojen schwimmen, wo die Fahrrinne sich verändert hat, wo Hindernisse auftauchen können. Die beiden stehen aber nicht schweigend am Ruderstand, sie reden fast ununterbrochen. Durch die Glasscheiben des Aufbaues höre ich die raschen, ans Italienische erinnernden Sätze. Der Redefluß reißt nur selten ab. Trotzdem sehen die beiden die Lichter eines entgegenkommenden, flußauffahrenden Schubverbandes, bevor ich sie erkenne. Der hat auf Steuerbord weißes Blinklich gesetzt und so Signal gegeben, daß wir als Talfahrer entgegen der Norm auf dieser Seite begegnen sollen. Kurzes Abstimmen: Ebenfalls Steuerbord-Blinklicht einschalten, Ruder leicht gegen Backbord, Maschinen halbe Kraft voraus, und viel rascher als erwartet gleiten wir an dem österreichischen Bergfahrer vorbei.

Um die „Carpati" schließt sich wieder die Nacht. Auwaldkonturen begrenzen schwarz den Strom. Mondlicht wandert, sich spiegelnd, mit uns zu Tal. Gegen drei Uhr früh wecken die Geräusche des Anlegemanövers die Passagiere: rascher Wechsel der Maschinendrehzahlen. Kommandos über Lautsprecher von der Brücke, Werfen und Einholen von Trossen mit dem typischen Schurren von Metall auf Metall. Wir haben das Reiseziel der „Carpati" erreicht, liegen am Ponton unter der berühmten Eisenbahnbrücke von Cernavoda. Kurz darauf schreckt uns der erste Eisenbahnzug auf, der die Stahlkonstruktion der Brücke zum Schwingen bringt, fast möchte man glauben, daß der Zug mitten durch die „Carpati" donnert.

Abschied am Kai. Die Busse tragen Pappschilder: „Moldauklöster", „Flug", „Mamaia". Händeschütteln, letzte Gruppenfotos und Adressen mit dem Versprechen, sich zu schreiben. Die „Carpati" wird bereits aufgeklart für die nächsten Gäste, die am Abend zur Rückfahrt nach Belgrad, Budapest und Wien an Bord kommen werden. Mich nimmt nun eine Reiseleiterin aus Siebenbürgen mit unter ihre Fittiche, damit ich von Konstanzas Bahnhof weiterfahren kann. Der blaue Bus müht sich durch Staub, Gewerbeviertel und wachsende Industrieanlagen. Unsere Begleiterin gibt über Lautsprecher Erläuterungen in deutscher Sprache; denn für die Betreuung deutschsprachiger Gruppen setzt das rumänische Touristenbüro Banater oder Siebenbürger Deutsche

Passagierschiffahrt auf der unteren Donau: Kapitän, Matrose und Urlauber auf der rumänischen „Oltenita". In der „Raketa" sieht es aus wie in einem Flugzeug

Stahlwerke und
Werften:
Das alte Galatz
will bald
so bedeutend sein
wie Hamburg oder
Rotterdam

Sulina, Montag, 1. September

Galati, die oft geschundene, zerstörte und wieder aufgebaute Stadt, macht sich daran, ein Hamburg an der Donau zu werden. Wie die Walachei als Pufferregion benutzt wurde, so hat die Donaumündung seit griechischer Zeit — wenn nicht schon früher — unablässig das Interesse der Mächtigen am Schwarzen Meer, am Bosporus, am Mittelmeer und vor allem der Donau-Anrainer geweckt. Griechen, Römer, Byzantiner, Hunnen und Türken bauten Handelsniederlassungen, Festungen, Häfen und legten Lagerplätze an. Als Umschlagplatz für Waren des Binnen- und Seehandels bietet sich Galati an. Die Donau fließt hier in mächtiger Breite. Seeschiffe können einfahren. An Ankerplätzen fehlt es nicht.

Im neunzehnten Jahrhundert, im Zuge der langen kriegerischen Auseinandersetzungen des Zarenreiches mit dem Osmanischen Reich, treten immer stärker die europäischen Staaten auf, fordern Mitspracherechte, Handelsverträge, die Internationalisierung der Donau. So finden wir bei den Signatarländern der Donauvereinbarung von 1856 Österreich-Ungarn neben Rußland, Preußen (stellvertretend für den Norddeutschen Bund) neben Frankreich, England und der Türkei.

Galati erlebte die Auswirkungen der Machtkämpfe und der beiden Weltkriege besonders einschneidend. Wie das nicht weit entfernte russische Ismail wurde die Stadt stark zerstört. Die Rumänen standen, wie es in offiziellen Verlautbarungen heißt „vor einem neuen Anfang".

Heute sind die Verwüstungen nicht mehr erkennbar. Wer auf der Donau, die hier die Breite eines Sees erreicht, die Stadt zum ersten Mal sieht, fühlt sich in ein anderes Land versetzt. Nach Hunderten von Flußkilometern, die von Auwäldern und kaum erschlossener Landschaft bis Braila begleitet waren, überrascht die Veränderung der Szene: Hochhäuser, gar nicht so uniform, recken sich in lockerer Staffelung den Hügel hinauf, wo einst die Oberstadt stand. Breite, von vielen Bäumen gesäumte Straßen, Promenaden mit modernen Plastiken, Plätze, Brunnen und immer wieder Grünanlagen. Am krassesten beweist sich der Einbruch der Neuzeit mit dem gewaltigen Stahlwerk, der großen Werft und den modernen Hafenanlagen. Erze kommen per Schiff bis zu den Halden des Hüttenwerks aus der Sowjetunion und von Übersee. Ein guter Teil der entstehenden Bleche und Profile wird in der Werft verschweißt. Eine Schautafel im Stadtinnern verkündet stolz die Planzahlen der Werft: 127,5 Mille Tdw. für 1980 und 182 Mille Tdw. für 1985.

Sollte die Entwicklung in so großen Schritten wie bisher weitergehen, wird der Name Galati (Galatz gesprochen) bald nicht nur bei Fachleuten bekannt werden. „Das Hamburg der Donau", wird es dann eines Tages vielleicht heißen.

Galati heißt für mich Etappenort und Ausgangspunkt für das letzte Donaustück bis zum Schwarzen Meer. Vor Galati liegt das Donau-Delta.

Das Hafengebäude strahlt im Stil der Jahrhundertwende: Stuck und Schnörkel, verblichenes Gelb mit Weiß. Unter Arkaden sitzen Alte in langer dunkler Reihe und schauen. Das sich stets wiederholende hastige An-Bord-gehen, im letzten Augenblick noch ein Billet erstehen, das Rufen und Zerren, das Schleppen von Bündeln und Zurechtweisen der Kinder, — dies alles haben die Sitzenden sicher schon oft betrachtet, als Theaterspiel vor der Donau. Plötzlich gehöre ich zu den Laienspielern ihrer Bühne. Die Gangway ist für Koffer und Tasche zu schmal. Ich werde geschubst und

Vorausgegangene Seiten:
Der bedeutendste bulgarische Donauhafen von Ruse.
Neue rumänische Industrieanlagen vor Giurgiu
Links: Neubauten in dem im zweiten Weltkrieg stark zerstörten Galati/Galatz, dem heute größten rumänischen Donauhafen

Pia Maria Plechl

Geschichte am Strom

Immer sind die großen Ströme trennende Grenze und verbindender Verkehrsweg zugleich. Sie sind den Menschen seit je wegweisende Gefährten, manchmal auch todbringende Feinde, einmal diesem, dann jenem Volk in seinen Kämpfen verbündet. Das gilt in besonderem Maße für die Donau, seit an ihren Ufern gejagt, gesiedelt und gehandelt wird.

Auf ihren Wassern sind Schiffe mit Kolonisatoren gefahren, die neue Kulturen zu ihren Seiten verbreiteten; aber auch Flotten, die Tod und Verderben brachten. Ihre nur mit Mühe zu überwindende Breite hat die Donau zur schützenden Grenze gegen Angreifer gemacht; in ihren Strudeln und während der Hochwässer haben jedoch immer wieder arglose Menschen den Tod gefunden. An manchen Stellen konnte sie — sich aufspaltend in viele Nebenarme, durch Inseln geteilt — bequem durchwatet werden: Lang bevor die Technik des Brückenbaus entwickelt war, entstanden Doppelsiedlungen, zur Hälfte an dem einen, zur Hälfte an dem andern Ufer gelegen, wofür Budapest das schönste Beispiel ist. Freilich, Brücken schlagen und Brücken zerstören — das eine wie das andere hat wiederum in allen kriegerischen Auseinandersetzungen eine Rolle gespielt.

Die Donau ist einer der Schicksalsströme Europas, zu mancher Zeit mehr als jeder andere große Flußlauf. Wenn man an ihren Ufern steht, von einer Brücke auf ihre Wasser blickt, sie auf einer Fähre überquert, zu Schiff sich ostwärts oder südwärts bewegt wie sie selbst, glaubt man darum manchmal zu verspüren, daß sich in diesen Wellen Vergänglichkeit und Unendlichkeit vereinen.

In den beiden großen Abschnitten, die die Donau durchläuft — in dem mitteleuropäischen Oberlauf und dem Unterlauf nahe dem Balkan — ist sie jahrhundertelang nicht nur Grenze zwischen Staaten und Reichen gewesen, sie hat zwei Welten voneinander geschieden: Der Limes der Antike markierte den Saum des römischen Weltreichs; der Donaulauf von der Save bis zum Mündungsdelta schied bis weit in die Neuzeit hinein die christliche Welt gegen die der heidnischen Völker, ob es nun die noch nicht bekehrten slawischen Stämme waren oder die Awaren. An der Donau lagen einander das Kaiserreich Bulgarien und das Chanat der Goldenen Horde gegenüber, lange Zeit begrenzte sie das osmanische Reich und, wo sich an ihrem Nordufer die Walachei erstreckt, endeten die Lande des Hauses Anjou.

Wo die Wasser nach Süden strömen, in der Mitte zwischen Donau und Theiß, behielten die Magyaren ihre Selbständigkeit, während ringsum die Türken herrschten. Im Westen hörte die Donau dagegen früh auf, Grenzfluß zu sein. Nur kurz reichte das Vorfeld des Frankenreiches nach Karls des Großen Tod bis zu ihren Ufern zwischen Tulln und der Savemündung, noch weiter westlich blieben ihre beiden Ufer fast immer in einer Hand, zumindest in einem Staatsgefüge größeren Rahmens, dem fürstlichen Partikularismus zum Trotz.

Zur Orientierung und administrativen Organisation ist die Donau freilich Richtschnur geblieben; die traditionellen Viertel-Einteilungen etwa Nieder- und Oberösterreichs halten sich an sie, ohne daß ihr Name in den Bezeichnungen aufschiene. Was die Staatsgrenzen anlangt, gibt es natürlich auch die Ausnahme, die die Regel bestätigt: Zwischen Österreich und der Bundesrepublik, genauer: zwischen Oberösterreich und dem Freistaat Bayern, verläuft die Grenze eine Strecke lang am Strom, erst von Engelhartszell an fließt die Donau durch beiderseits österreichisches Gebiet. Und im Osten der Alpenrepublik verhält es sich auf einem kürzeren Stromabschnitt ähnlich: Zwischen Theben und den Vororten von Preßburg ist das Nordufer schon Boden der Tschechoslowakei, der Süden noch österreichisch, was gewissermaßen eine Vorwegnahme der Grenzfunktion ist, die der Donau dann zwischen

Tschechoslowakei und Ungarn bis zur Eipelmündung bei Gran zukommt. Handelsstraße — sei es zu Wasser, sei es zu Land auf Wegen, die im nicht versumpften Gebiet ihrem Lauf folgten — war die Donau von alters her, lang bevor beispielsweise im neunten und zehnten Jahrhundert die Normannen sie vom Schwarzen Meer bis weit oberhalb von Wien befuhren, nicht als Eroberer, sondern als Händler. Die Menschen der Hallstattkultur kannten diesen Wasserweg und die Kelten der La-Tène-Periode dehnten ihren Herrschaftsbereich längs ihrer Ufer aus. Es mag eine Streitfrage der Wissenschaftler bleiben, seit wann „Kultur" an der Donau zu finden sei. Die Zuordnung der Funde an den ufernahen Lößhängen nennt jedenfalls Menschen des Typs Aurignacien, Gravettien und Magdalénien. Und die kleine Statuette der „Venus von Willendorf", nur elf Zentimeter hoch, die beim Wachauer Eisenbahnbau zu Anfang dieses Jahrhunderts gefunden wurde, ist nennenswert älter als zehntausend Jahre. Dichter und dauerhafter wird die Besiedlung erst in der Keramikzeit, kontinuierlich wohl erst in der Bronzezeit.
Nicht in Vergessenheit geraten sollten Sagen aus ältester Zeit, unbeschadet wissenschaftlicher Kritik. Verstreute Kampfgefährten des Aeneas, so die Überlieferung, seien auf der Flucht nach dem Fall Trojas vom Schwarzen Meer stromaufwärts gezogen; vielleicht hat auch Jason den Unterlauf der Donau befahren.
Herodot läßt die Donau — genauer: den Strom Istrols — durch das Land der Kelten fließen und nennt eine Stadt namens Prene, ohne ihre Lage zu beschreiben. Demnach müßten die Kelten um 425 vor Christus den Lauf der Donau mehr oder weniger beherrscht haben. Andererseits jedoch brauchte die europäische Menschheit erstaunlich lange, um sich der Tatsache bewußt zu werden, daß die Donau von ihrem Quellgebiet bis zum gewaltigen Delta derselbe Fluß ist: „Ister" und „Danubius" galten als zwei verschiedene Gewässer.
Und zwischen den Kelten im Nordwesten und den Dakern, deren Raum von Dnjestr und Theiß begrenzt war, lagen Welten. Die Gemeinsamkeit der Geschichte begann für sie, als die Daker im Jahre 107 von den Römern unterworfen wurden, zu einer Zeit, da in heute deutschen und österreichischen Landen längst Lager und Städte von der Größe und Bedeutung etwa Carnuntums entstanden waren, — jenem vormals keltischen Platz östlich von Wien, der den römischen Truppen als Winterquartier und Station ihrer Donauflotte diente.
Zur Donau hatten die Römer freilich gedrängt, noch ehe aus ihrer alten Republik das Kaiserreich geworden war. Nachdem Noricum mehr oder minder friedlich dem Imperium einverleibt worden war und die Provinzen Pannonien und Moesia im Donauraum Bestand hatten, war es nur eine Frage der Zeit, daß Rom den ganzen Stromlauf beherrschte, nicht zuletzt dank der Flotille, die zur Unterstützung der kampferprobten und marschtüchtigen Legionen bereitlag.
Fast hätte in den Tagen des Marc Aurel, der in Carnuntum und Vindobona nicht nur über Krieg und Frieden nachdachte, sondern dort wesentliche Teile seiner zwölfbändigen Selbstbetrachtungen schrieb, und dann unter Severus, der in Carnuntum zum Kaiser aufgerufen wurde, — fast hätte damals die Donau aufgehört, Grenze zu sein: Längst gab es Brückenköpfe am germanischen Nordufer, im Jahr 174 hatte nördlich des Stromes die Regenwunderschlacht stattgefunden, die auf der Marc-Aurel-Säule in Rom verewigt ist.
Aufstände am Unterlauf des Stromes zwangen dann die Römer, ihre Einheiten dort zu konzentrieren. Die „Barbaren" am anderen Ufer waren noch über Jahrhunderte hin nicht stark genug, den Strom auf Dauer zu überqueren, es blieb bei einzelnen Überfällen. Mit dem Drei-Kaiser-Kongreß in

Vorausgegangene Seiten: Im Delta vor Sulina
Links: Plastik in Turnu Severin

Carnuntum 308 erreichte die römische Präsenz an der Donau einen historischen Höhepunkt. Valentinian bezahlte knapp siebzig Jahre später seinen Versuch, das jenseits der Donau gelegene Land der Quaden dem Imperium einzuverleiben, mit dem Leben: Er fiel allerdings nicht im Kampf, sondern geriet in Verhandlungen mit den Quaden (deren König anläßlich eines römischen Gastmahls meuchlings ermordet worden war) so in Rage, daß er einem Schlaganfall erlag. Das war in Brigetio, dem heutigen Komorn, das als Schauplatz historischer Entscheidungen auch später eine Rolle spielen sollte.
Manch einer der römischen Kaiser hat den Donauraum nicht nur bereist, sondern gut gekannt. Probus ist in Sirmium geboren worden, auf dessen Ruinen hernach Mitrovitza entstand und das nicht nur Handelszentrum am Savus war, sondern auch Hauptstadt Unter-Pannoniens. Konstantin, der von allen Herrschern Roms seit Caesar mit seinem Reich am besten vertraute, hat alle Donauprovinzen mehrere Male bereist und dabei zweifellos auch die Ausbreitung des Christentums wesentlich gefördert.
Es war ein ungewöhnlich harter Winter, der im Jahr 395 die Donau vom Schwarzen Meer bis zum Eisernen Tor mit einer stabilen Eisfläche bedeckte; über sie zogen Alarichs Westgoten hinein in die römische Provinz Dazien. Noch waren es die Goten zufrieden, daß ihr Führer als römischer Kommandant und Gouverneur von Illyrien anerkannt wurde, doch Kaiser Honorius sah bereits Grund, alle Römer aufzurufen „gegen die zunehmende Macht der Barbaren". Zur Auseinandersetzung auf Leben und Tod kam es aber nicht: Ein gemeinsamer Feind brauste wie ein Sturm aus dem Osten über die Donau hinweg, die Hunnen. Wenig später waren sie überall, die Donau hinauf und weiter, zerstörten fern im Westen das Reich der Burgunder, fielen in Italien ein. Attila, der 453 starb, war der Herr Mitteleuropas — nicht im Sinne eines unter ihm gebildeten gemeinsamen Staates, sondern angesichts des Schreckens, den seine Heere verbreiteten. Dieser Schrecken ist den Völkern an der Donau ins Blut übergegangen: Bis in die jüngste Vergangenheit wurde alles, was gewalttätig aus dem Osten kam, mit ihnen verglichen; Awaren und Magyaren werden bis heute mit ihnen gleichgesetzt, wobei „Magyaren" freilich nicht die Ungarn von heute meint, sondern ihre Vorfahren bis zur Schlacht auf dem Lechfeld und zur Seßhaftwerdung.
Hatte Rom, hatten die Bewohner Mitteleuropas seinerzeit das Herannahen der Hunnen sehr spät zur Kenntnis genommen, so reagierte auch Byzanz auf die Bewegung der Awaren erst, als die asiatischen Reiter am Delta die Donau überquerten. Mit ihnen kamen als Hilfstruppen auch Gruppen von Slawen; viele von ihnen machten sich bei erster Gelegenheit selbständig, blieben im untersten Donaugebiet, während die Awaren westwärts vorstießen. Sie legten den Grundstock des ersten Slawenstaates, des späteren Bulgarischen Reiches. Hinter den Langobarden, die sozusagen als letzter Trupp der großen Völkerwanderung nach 560 aus dem ungarischen Raum nach Italien zogen, in die nach ihnen benannte Lombardei, drangen awarische Scharen bis weit ins heutige Österreich vor, oft der Donau folgend, so durch die Wachau.
Von Westen her hatten sich seit 530 die Bayern an der Donau auf heute österreichisches Gebiet vorgeschoben und ihren Lebensraum entlang des Melkflusses gegenüber den dort ansässigen Slawen abgegrenzt. Den Franken der Karolingerzeit gelang dann die Gründung des Großreiches, dem sich die Bayern unterstellten und das auch die Awaren auf einen limitierten Gebietsstreifen an der Donau,

Auf den Deltaseen treffen sich Pelikane, Reiher und andere seltene Fluß- und Küstenvögel. Für Ornitologen und Naturfreunde ist diese Schwemmlandschaft vor der Mündung ein Paradies
Oben: Monument des Daker-Königs Decebal

KALKAVANLAR
ISTANBUL